Collection de M. GUILHOU

OBJETS ANTIQUES

ORFÈVRERIE
Céramique, Bronzes, Ivoires, etc.)

DÉCRITS PAR

ARTHUR SAMBON

CONDITIONS DE LA VENTE

Elle sera faite au comptant.

Les adjudicataires paieront *dix pour cent* en sus des enchères.

Les experts garantissent ***l'authenticité absolue*** de tous les objets mis en vente.

Paris. — Imp. Georges Petit, 12, rue Godot-de-Mauroi. — 15151-05.

CATALOGUE

DES

OBJETS ANTIQUES

ET DU

MOYEN-AGE

ORFÈVRERIE, CÉRAMIQUE, BRONZES

IVOIRES, ETC.

PROVENANT DE LA

Collection de M. GUILHOU

ET DONT LA VENTE AURA LIEU A PARIS

HOTEL DROUOT, SALLE N° 7

Du Jeudi 16 au Samedi 18 Mars 1905

A DEUX HEURES

COMMISSAIRE-PRISEUR

Me PAUL CHEVALLIER

10, rue Grange-Batelière, 10

EXPERTS

M. ARTHUR SAMBON	MM. C. et E. CANESSA
6, rue de Port-Mahon, 6	19, rue Lafayette, 19

EXPOSITIONS

PARTICULIÈRE : *Le Mardi 14 Mars 1905, de 1 heure à 5 heures 1/2.*
PUBLIQUE : *Le Mercredi 15 Mars 1905, de 1 heure à 5 heures 1/2.*

ORFÈVRERIE

ASSYRIE

1 — Spirale en or pâle massif ; extrémités à tête de clou.

ÉGYPTE (avant les Lagides)

2 — (Pl. I). Statuette en *electrum* émaillé. Le dieu Khnoumou, à tête de bélier, coiffé de l'*atef* qui repose sur deux cornes horizontales, est assis sur une fleur de lotus, la main droite posée sur le genou. Des émaux polychromes remplissent des alvéoles finement gravées sur la coiffure, sur le cou du dieu et sur la fleur de lotus. La figurine est plate, mais à deux profils vigoureusement modelés et ciselés. C'est un chef-d'œuvre de l'orfèvrerie égyptienne. Probablement de la XIIe dynastie.

Haut., 114 millim. Anneau de suspension au revers.

Frœhner, *Collection Tyszkiewicz*, pl. II, 1.

3 — (Pl. I). Ame égyptienne en or estampé et à incrustations de pierres dures. Épervier à tête humaine, coiffé du klaft : il est représenté au vol : le dos et les ailes revêtus de fines incrustations de lamelles en turquoises, lapis lazuli, jaspe et autres pierres dures.

Long., 50 millim. Deux petits anneaux de suspension.

Frœhner, *Collection Tyszkiewicz*, pl. XI, 2.

4 — (Pl. I). Lion au repos. Sculpture en ivoire.

Ce petit chef-d'œuvre remonte à une très haute antiquité. Il vient d'Abydos (fouilles Amélineau) et doit prendre place parmi les plus vigoureuses manifestations de l'art animalier. (Voyez *le Musée*, vol. 1, p. 88-85).

Long., 6 cent.; haut., 3 cent.

5 — Offrande funéraire en or, représentant un long bâton muni, à chaque extrémité, d'un panier (couffe), une houe et une hachette.

C'est le symbole des travaux d'outre-tombe décrits au VIe chapitre du *Livre des morts*. Fouilles d'Abydos (mission Amelineau).

Haut., 94 millim.

6 — (Pl. I). Statuette en argent. Roi adorant agenouillé, les deux mains en avant, les paumes posées sur les genoux. Il est coiffé du pschent à uraeus et vêtu du shenti.

Cette précieuse figurine est décrite au Catalogue du Burlington Fine Arts Club (Art of Ancient Egypt), 1895, p. 13 : elle est passée par les collections Tyszkiewicz et Hoffmann, pl. XL, n° 50.

Haut., 65 millim. Socle en lapis-lazuli.

7 — (Pl. V). Boucle d'oreille en or massif ciselé. Anneau lisse ; pendentif en forme de cœur.

Très rare.

8 — Amulette en pierre verte (prime d'émeraude), de forme ovale. Sur l'une des faces, un scarabée aux yeux d'or, aux ailes étendues. Il tient sur ses pattes antérieures le signe du soleil à l'horizon, et celui du cœur dans les postérieures. Au revers est gravée une inscription : fragment du chapitre LXIV du *Livre des Morts* et nom du propriétaire, « le grand docteur Kha-m-ouas ».

Haut., 55 millim.

Legrain, *Collection Hoffmann*, n° 34 (vignette).

9 — Masque de personnage royal en lapis, taillé pour être serti d'or et entouré d'émaux.

Pl. I.

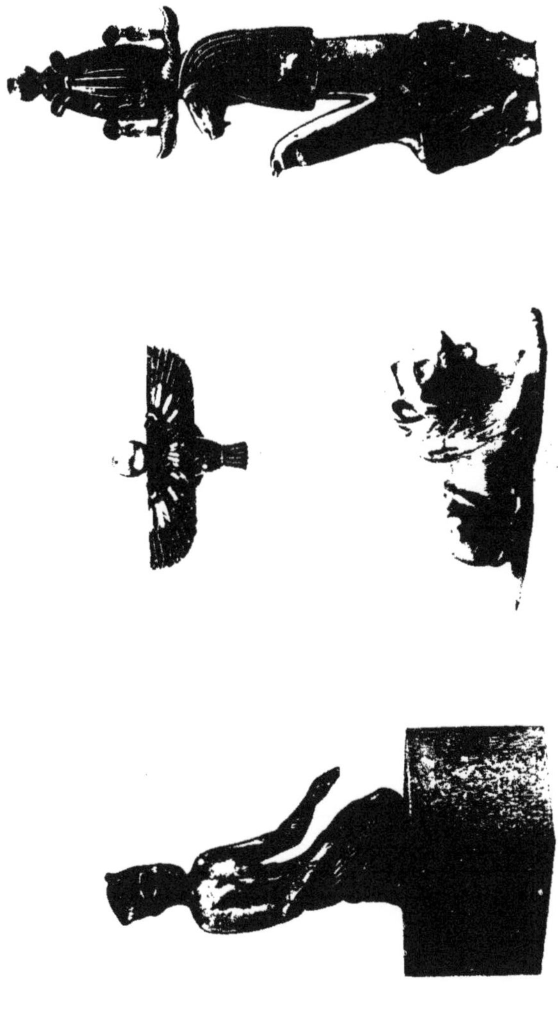

10 — Lot de pierres dures taillées en forme d'objets de culte, scarabées et amulettes diverses.

11 — Collier. Petits tubes en terre émaillée imitant la turquoise, enfilés dans une chaînette d'or.

Long., 26 cent.

12 — Bracelet en verre bleu imitant la turquoise.

13 — (Pl. II). Masque de Bisou; deux plaques en or battu et ciselé, soudées ensemble.

Travail remarquable.

Haut., 5 cent.

ÉTHIOPIE

14-15 — Deux bracelets en or pâle. Spirale ornée aux extrémités d'un chapelet de têtes à gorgerin avec grènetis. IVe siècle.

16 — Monnaie d'or d'un dynaste d'Axoum, à légende copte. IVe siècle.

Cette monnaie a été trouvée avec les bracelets décrits aux nos 14 et 15.

LES PHÉNICIENS

17 — (Pl. V). Paire de boucles d'oreilles en or battu et ciselé : boucle en forme de fronde soutenant une figurine d'épervier, qui, à son tour, sert d'attache à un petit boisseau rempli de grains.

Imitation de motif égyptien. Pièce très rare.

Haut. 7 cent.

18 — (Pl. V). PAIRE DE BOUCLES D'OREILLES. Un cercle d'or, muni de quatre boutons à crochets (autrefois garnis de perles), soutient une *situle*.

Imitation de motif égyptien. Pièce très rare.

Haut., 45 millim.

19 — (Pl. V). PAIRE D'ANNEAUX de cheveux, à tube replié formant coude vers le bas, et orné d'un semis de gros globules.

Haut., 25 millim.

20 — (Pl. V). TROIS BOUCLES D'OREILLES dépareillées à forme de fronde, ornées l'une d'annelets, les autres de grenaille.

21 — (Pl. V). PAIRE DE BOUCLES D'OREILLES en or battu. Un disque lisse est relié par un ornement en spirale à un anneau en torsade, qui soutient une grosse grappe de fruits (grenades).

Haut., 5 cent.

22 — (Pl. V). AUTRE. Le disque est très petit; l'anneau est orné d'une crête formée par un rang de groupes de trois globules superposés. Vers le milieu, pend une grappe de grenades. — AUTRE, anneau en torsade.

Haut., 35 millim.

23 — AUTRE. Disque lisse et anneau en torsade, pendentif en forme de battant de cloche (les perles qui étaient aux extrémités ont disparu).

24 — (Pl. V). AUTRE. Grand disque lisse relié à un ruban tressé et rigide; la courbe inférieure du ruban soutient une grappe de fruits.

Haut., 4 cent.

25 — (Pl. V). AUTRE. Le disque est plus petit; l'anneau est en torsade et la grappe de fruits est mobile.

Haut., 3 cent.

26 — (Pl. V). AUTRE, de même type et même dimension.

27 — (Pl. V). Autre. Disque lisse soutenant deux amandes réunies par une grappe de grains.

Haut. [illegible]

28 — (Pl. V). Boucle d'oreille. Anneau lisse soutenant une grappe de raisin.

Haut. [illegible]

29 — (Pl. V). Paire de boucles d'oreilles. Anneaux en torsade.

Haut. [illegible]

30 — Autre plus petite.

31 — (Pl. V). Paire de boucles d'oreilles. Cercle orné d'un semis de globules, reliés entre eux par des cordelettes d'or.

Haut. [illegible]

32 — (Pl. V). Paire de boucles d'oreilles en or battu et verroterie. Tête de bouquetin reposant sur une file de perles de verre, alternant avec des cercles d'or. Anneau en torsade.

33 — (Pl. V). Paire de boucles d'oreilles en or battu et pierres dures. L'anneau à chaîne rigide tressée se termine en un chapiteau de colonne, d'où part un fil d'or qui, traversant une perle d'agate et une boule creuse en or, aboutit à une tête de bélier, dont le front est orné d'un ruban.

Haut. [illegible]

34 — Autre du même type. Anneau en torsade.

Haut. [illegible]

35 — (Pl. V). Paire de boucles d'oreilles. Têtes de dauphins tenant une boule dans la gueule ; elles reposent sur une enfilade de cercles d'or et de perles en grenat et en prime d'émeraude. Anneau en torsade ; gorgerin orné d'une chaînette.

Haut. [illegible]

36 — (Pl. V). Paire de boucles d'oreilles en or battu et pierres

dures. Têtes de dauphins surmontant un chapelet de boules creuses en or et de perles en cornaline.

Syrie.

Haut., 5 millim.

37 — Boucle d'oreille en or battu et verroterie. Tête de lynx reposant sur un chapelet de perles de verre, alternant avec des cercles d'or. Anneau en torsade.

Haut., 3 cent.

38 — (Pl. V). Ornement de cheveux. Spirale terminée en tête de griffon menaçant. Les yeux et les écailles du cou sont couverts d'émaux rouges, blancs et verts.

Travail remarquable. Chypre.

Haut., 3 cent.

39 — (Pl. V). Boucle d'oreille en or estampé et ciselé. Plaque d'or, ornée d'un sphinx assis de face, les ailes recoquillées.

40 — (Pl. V). Boucle d'oreille en or massif ciselé. Tête de femme de style archaïque, ayant une grande ressemblance avec les têtes chypriotes sculptées en calcaire; elle repose sur une autre tête plus petite d'enfant encapuchonné. Anneau en torsade.

Travail exquis. Chypre.

41 — (Pl. V). Boucle d'oreille en or estampé. Anneau lisse, soutenant une plaque d'or en forme de croissant, ornée d'une tête virile de style archaïque, à droite, entre deux feuilles de vigne et deux grappes de raisin. Sous le croissant, se balancent quatre chaînettes amorties par des feuilles lancéolées.

Haut., 7 cent.

42 — Petite amphore en pierre dure veinée de turquoise et à col en or battu et ciselé.

Haut., 4 cent.

43 — (Pl. V). Grande boucle d'oreille en forme de fronde ; sur

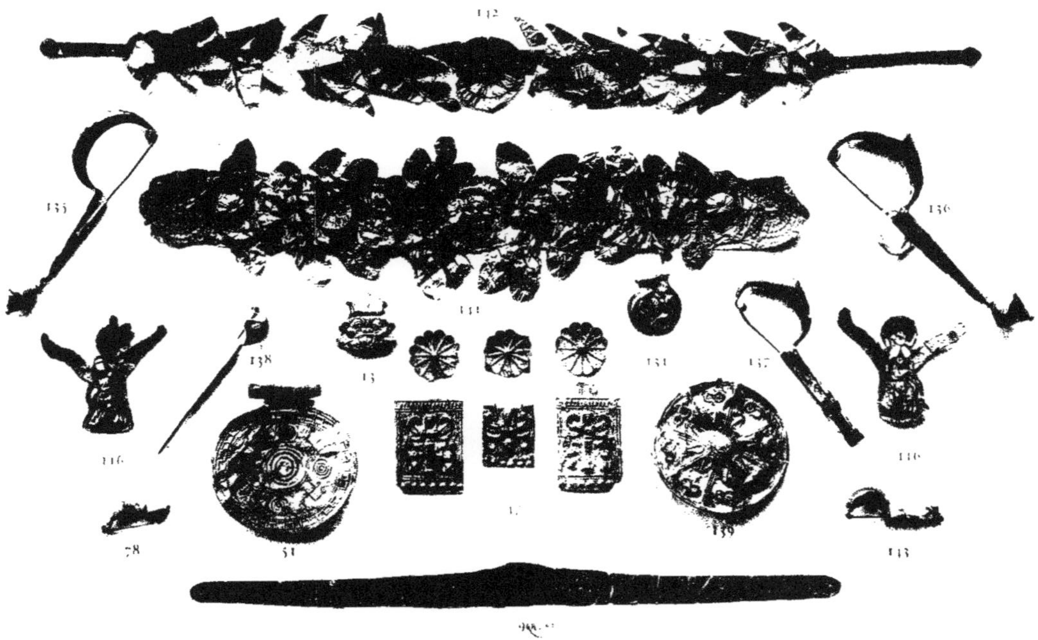
142
135
136
141
138
13
131
137
116
116
78
51
139
143

le devant, un cabochon de grenat serti d'or en applique ; dessous, appendice orné de grenats et ayant l'apparence d'une grenade prête à éclater.

[illegible]

44 — (Pl. VI). Paire de boucles d'oreilles en or, à forme de chenilles.

[illegible]

ART GREC ARCHAIQUE

(la Grèce et le Bassin Méditerranéen)

45 — Ornements de cheveux. Fil d'or massif en spirale.

On voit figurer ces ornements [illegible] sur des [illegible] d'époque très ancienne ; on en a trouvé dans les [illegible] de Tirynthe et de Mycènes.

[illegible]

46 — (Pl. IX). Ornements en or pâle, en forme d'étriers.

[illegible]

47 — (Pl. II). Feuilles d'or estampées trouvées à Rhodes. Deux grandes plaques représentent une divinité debout, de face, soulevant par la queue deux lions : on la désigne sous le nom d'Artémis Persique ; à ses côtés, on voit deux abeilles. Le tout est encadré de lignes perlées. Une troisième feuille, plus petite, représente une abeille à buste de femme, coiffée du klaft, à ailes recoquillées : elle tient des deux mains un collier, auquel sont attachées des grenades. Ces plaques sont reliées entre elles par des fleurons estampés.

Cette parure inédite complète les indications fournies par les célèbres plaques du Louvre, sur le culte de l'Artémis Éphésienne.

48-50 — Trouvaille de Cumes :

a Collier composé de perles en cristal de roche, en ambre et en verroterie, et orné d'une rondelle à décor bosselé (cinq mamelons disposés en croix) et incisé (croix gammées, losanges à méandre labyrinthe et cercles dentelés).

[illegible]

b) Rondelle en or. Cinq mamelons disposés en croix, celui du centre entouré d'un cercle de globules ; dans le champ, quatre losanges incisés à méandres. Au pourtour, ligne brisée entre deux cercles concentriques.

Diam., 55 millim.

c) Rondelle en or, à décor incisé et bosselé. Croix incisée ayant au centre un bouton saillant et dans les angles des V incisés.

Diam., 3 cent.

51 — (Pl. II). Rondelle en or estampé. Groupe de cercles concentriques disposés en croix ; dans les quatre interstices, une croix gammée ; au pourtour, méandres entre des cercles concentriques de globules ; sur la bélière, patères, grènetis et denticules.

Diam., 80 millim.

52 — Diadème funéraire en or estampé. Quatre rangs d'ornements :

1° Entre deux palmettes, lions à la file ; 2° Sirènes de face les ailes éployées ; 3° Canards lissant leurs plumes ; 4° Palmettes. Ligne d'eau en bordure.

Trouvé à Cumes (style ionico-étrusque).

Long., 175 millim.

53 — (Pl. III). Grand torques en or battu et incisé. Le cercle se termine par deux masques de lion d'un style excessivement archaïque, serrant entre leurs crocs un ornement ayant la forme de deux barillets.

C'est une pièce capitale de l'orfèvrerie de la Grèce archaïque. Le cercle a une âme de bronze.

Diam., 20 cent.

54 — (Pl. V). Paire de boucles d'oreilles en or battu et ciselé. Têtes de jeunes taureaux de style archaïque, gorgerin orné de filigranes à dessin d'oves ; anneau en torsade.

Comparer avec les bijoux phéniciens de même type. Je décris ces bijoux nos 52-57 parmi les ouvrages grecs, parce que, même s'ils ont été fabriqués à Tyr ou à Chypre, ils ont été créés sous l'influence de l'art grec.

Haut., 3 cent.

Pl. III

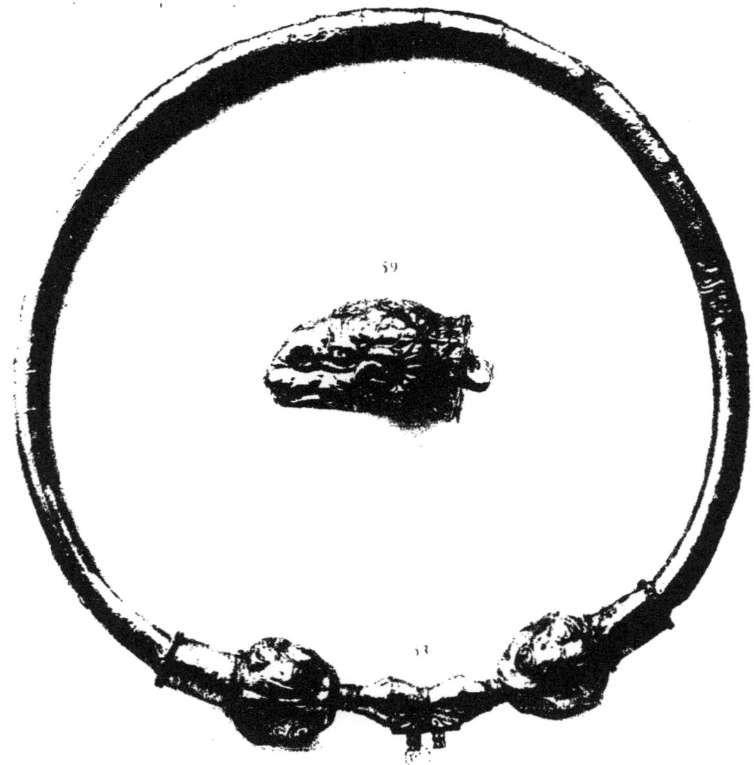

55 — (Pl. V). Autre. Les têtes de taureaux reposent sur des perles en prime d'émeraude.

56 — (Pl. V). Autre. Les têtes de taureaux reposent sur des boucles d'or creuses, prises entre deux cupules à décor d'oves et volutes en filigrane. Traces d'émail.

[illegible]

57 — (Pl. V). Paire de boucles d'oreilles en or battu et ciselé. Têtes de bouquetins : collerette ornée de rinceaux et oves en filigrane. Anneau en torsade.

[illegible]

58 — (Pl. V). Paire de boucles d'oreilles en or battu et ciselé. Masques de Chimère de style archaïque (tête de lion à cornes de bouquetin).

[illegible]

59 — (Pl. III). Grande tête de bélier en or battu et ciselé. Collerette à double cordelette et à rang de grosses perles : bélière de suspension.

Beau style grec.

[illegible]

ÉPANOUISSEMENT DE L'ART GREC

60 — (Pl. IX). Bracelet en or. Cercle à torsade amorti par des collerettes à décor de grenetis et de ഗ en filigrane.

[illegible]

61 — (Pl. V). Paire de boucles d'oreilles. Pendentif naviforme orné de filigranes : une fine cordelette serpente autour d'un rang de globules et, décrivant ensuite une ellipse, renferme une palmette accostée de chaque côté de deux rangs de groupes de globules superposés en triangles.

Athènes.

Larg. [illegible]

62 — (Pl. VI). Ornement de tempes. Il a la forme d'une ombrelle fermée et se compose d'un tétraèdre renversé de la base duquel sort une tige en spirale ; les surfaces sont ornées de palmettes et de fleurons.

Grèce. Travail remarquable.

Haut., 55 millim.

63 — (Pl. VI). Paire de boucles d'oreilles. Disque d'or : au centre, une tête de nymphe de face semblable à celle des monnaies de Larissa ou de Syracuse : au pourtour, rinceaux en filigrane.

Haut., 2 cent.

Travail exquis. Trouvé en Sicile

C'est la forme de la boucle d'oreille que nous voyons presque toujours sur les sculptures et les peintures des vases grecs jusqu'au IVe siècle.

64 — (Pl. VIII). Deux petites colonnes à chapiteaux corinthiens en or battu et ciselé.

Haut., 4 cent.

65 — Ornements de cheveux en or (ἑλικτῆρες). Lamelles en spirale ciselées et ornées de globules.

66-72 — (Pl. IV). Parure d'une Campanienne du IVe siècle av. J. C. (Trésor de Cumes) :

a) Collier en or. Chaine tressée, amortie par des masques de lion de travail remarquable : les fermoirs ont la forme de serpents entrelacés, que les fauves broient entre leurs crocs : la collerette est ornée d'un décor exquis à palmettes et à cercles de grènetis en filigrane.

Long., 40 cent.

b) Bracelet d'or. Cercle en torsade, se terminant par deux masques de lions affrontés : collerettes ornées d'un fin décor à oves et grènetis en fils rapportés.

Travail remarquable.

Diam., 75 millim.

c) Boucle d'oreille. Elle a la forme d'une corne d'abondance se terminant en haut par une grande tête de lion à gueule béante et dans le bas par une petite tête de lion.

Travail admirable.

Haut., 55 millim.

PL. IV

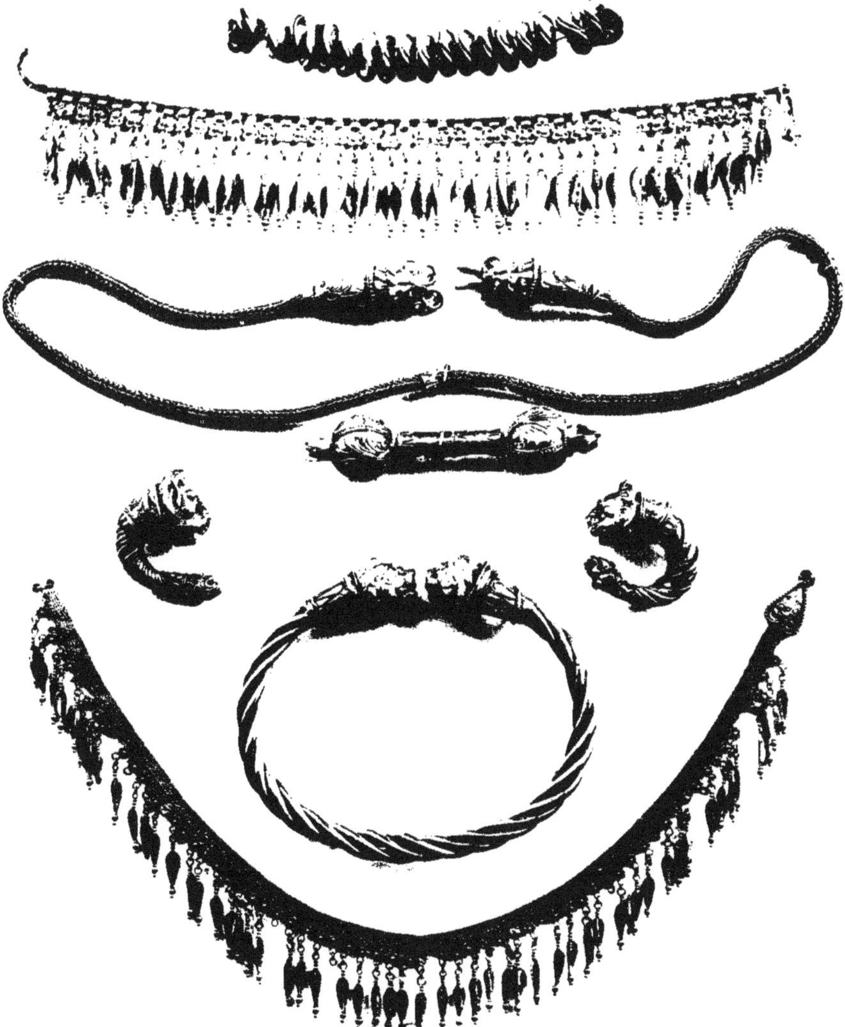

d) Ornement de cheveux en or. Deux boules creuses en forme de grenades avec leur couronnement feuillu, reliées par une longue tige, le tout finement orné de palmettes et cercles de cordelettes en filigrane.

Long., 6[illegible] millim.

e) Collier en or. Rubans en fils tressés bordé d'un rang de fleurettes, d'où pendent des feuilles lancéolées, fermoir orné d'une palmette. Travail d'un goût parfait et d'une délicatesse merveilleuse.

Long., [illegible] cent.

f) Partie de collier. Dix-neuf lamelles d'or battu : bosselage en forme de S.

Long., 9 cent.

g) Collier en or. Grains d'or enfilés, qui soutiennent un rang de fleurettes émaillées auxquelles sont attachés des pendentifs en forme de pointes de lance.

Cette parure est un des chefs-d'œuvre de l'antiquité : elle a été trouvée à Cumes au siècle dernier, et prend place auprès des célèbres trouvailles de Crimée. Voyez *le Musée*, vol. II, pl. I, p. 41.

73 — Paire de boucles d'oreilles en or battu et ciselé. Elles prennent la forme d'une corne d'abondance, terminée par deux masques de lion, un grand et un petit. La collerette du grand masque est ornée de guirlandes de lierre en fils rapportés, la tige de la boucle est en torsade.

Travail d'un goût et d'une finesse remarquables.

Haut., [illegible] cent.

74 — (Pl. VI). Autre paire du même type.

Haut., 2[illegible] cent.

75 — (Pl. VI). Boucle dépareillée de même type.

Haut., 2 cent.

76 — (Pl. VI). Autre paire de même type : la collerette est à volutes à grènetis, la tige à fils tressés. Les deux têtes de lion sont reliées par un petit médaillon orné d'une tête de Silène.

Haut., 3 cent.

77 — COLLIER en or et pierres dures. Chaîne simple assemblant 43 perles de grenat, prises chacune entre deux cupules d'or; fermoirs en forme de têtes de jeunes taureaux.

Travail remarquable.

Long., 42 cent.

78 — (Pl. II). PETITE FIBULE à *navicella* en or battu et orné de fins filigranes. L'arc est traversé au milieu par une crête ajourée; de chaque côté se voit une bordure d'oves et une grande palmette; le fil de l'ardillon fait quatre tours de spirale avant de s'élancer vers la gaine qui est ornée d'une palmette, d'oves et de denticules.

Travail d'une grande délicatesse.

79 — (Pl. VI). BOUCLE D'OREILLE en or battu et émaillé. Rosace à bordure dentelée, dans laquelle est piquée une fleur, dont la corolle est composée d'une perle de corail; cette rosace soutient une colombe en or émaillé et deux chaînettes amorties par des cupules.

Travail exquis.

Haut., 35 millim.

80 — (Pl. VI). BOUCLE D'OREILLE en or. Disque à forme de bouclier, orné de grenailles; cinq croissants disposés autour d'une étoile. Le disque soutient deux chaînettes amorties par des clochettes, et une amphore finement ornée de grenailles.

Travail d'une grande finesse.

Haut., 55 millim.

81 — (Pl. VI). PAIRE DE BOUCLES D'OREILLES en or et pierres dures. Disque d'or à bordure en cordelette, ayant au centre une fleurette d'or piquée dans une rondelle de jaspe rouge; cette rosace soutient une colombe en grenat finement taillé.

Travail admirable.

82 — (Pl. VIII). GRAND DIADÈME en or émaillé (*stéphané*). Il représente un ruban formant nœud au centre. Le nœud (*nodus Herculaneus*) est formé de tablettes de grenat serties d'or,

54 54

18 39 32 32 39 18

7 55 55 58 58

17 41 17

35 35 40 19 19 40

38

21 132 132 21

24 133 24

134

87

26

43

28 20 61 61 20 20

25 130

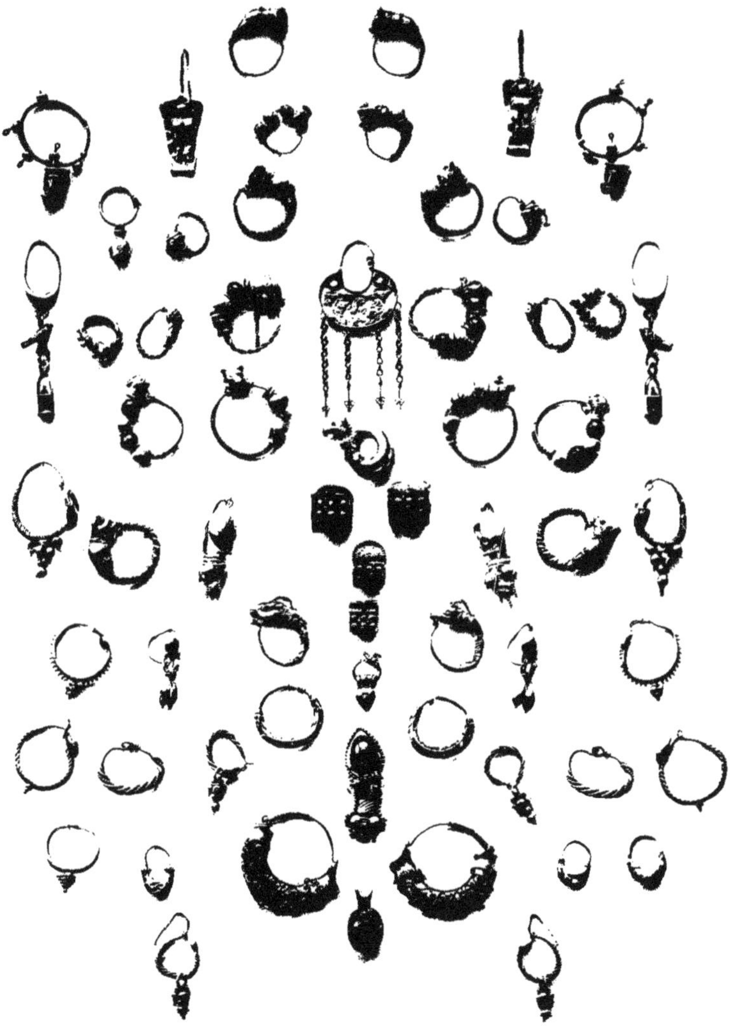

enserrant des fleurettes d'or; sur les bords s'élancent quatre serpents; sous le médaillon se balancent deux groupes de chaînettes soutenant des perles en grenat et en or.

Travail remarquable. Trouvé en Macédoine.

Long., 4[illegible] cent.

83 — Boucle d'oreille. Disque orné d'un fleuron soutenant deux chaînettes et une colombe en or émaillé.

Travail d'une grande délicatesse.

84 — Pl. VI. Paire de boucles d'oreilles en or émaillé. Rosace soutenant des chaînettes et cygne en or émaillé.

Haut., [illegible] cent.

85 — Boucle d'oreille. Disque à tablette de grenat, soutenant un tétraèdre orné de grenats.

Haut., [illegible] millim.

86 — Paire de boucles d'oreilles en or battu et émaillé : colombes au repos.

Travail d'une grande délicatesse.

87 — Pl. VI. Boucle d'oreille. Anneau en torsade se terminant en tête de bouquetin et soutenant un pendentif en forme de cœur.

Travail exquis.

88 — Grande chaîne à sautoir. Chaîne à groupes de petites mailles tressées, fermoirs ornés de filigranes à dessin d'oves et de cercles à grènetis.

Long., 75 cent.

89 — Paire de boucles d'oreilles en forme d'amphore, la partie supérieure ajourée, à dessin d'entrelacs.

Haut., [illegible] cent.

90 — (Pl. II). Diadème en or estampé (*stéphané*). Au centre, on voit les empreintes de *drachmes* et *hémi-drachmes* de Rhodes et de Sinope (?) : tête radiée du Soleil de face, rose accostée des lettres PO, tête de nymphe de profil.

Long., 34 cent.

91 — Deux collerettes de flacons à parfums en or battu et ciselé.

L'ART HELLÉNISTIQUE

92 — (Pl. VI). Paire de boucles d'oreilles en or battu. Un disque, encadré de volutes en filigrane, montre au centre une perle fine ; il soutient un aigle aux ailes éployées, en or ciselé, recouvert d'une fine grenaille détaillant le plumage, et de chaque côté deux chapelets de globules.

Haut., 45 millim.

93 — (Pl. IX). Collier en or, composé de fleurons et baies séparées par deux cônes, d'où pendent des groupes de chaînettes à *crotalia* en forme de têtes de pavots.

94 — (Pl. VI). Grande paire de boucles d'oreilles en or battu. Décor à têtes de bacchantes parées de lierre en fleur. Anneau en torsade.

Haut., 40 millim.

95 — (Pl. IX). Bracelet de fillette. Cercle en torsade ; pendentif ayant la forme d'un petit Éros tenant une patère.

96 — Boucle d'oreille. Rosace à fin décor de filigrane ; pendentif en or battu et ciselé, représentant Jupiter, sous la forme d'un aigle, qui enlève le jeune Ganymède tenant le *pedum* des bergers et une balle.

Travail très fin.

97 — (Pl. VI). Grande paire de boucles d'oreilles. Disque à fleuron, surmonté d'une palmette, et soutenant une admirable figurine d'Éros debout, tenant de la main droite un sceptre et de la gauche une coquille.

Travail remarquable.

Haut., [illegible] millim.

98 et 99 — (Pl. VI). Paire de boucles d'oreilles en or massif et ciselé. Anneaux en torsade; pendentifs en forme d'amours jouant l'un de la lyre, l'autre des crotales.

Travail d'une grande finesse.

100 — (Pl. VI). Paire de boucles d'oreilles. Un disque à bordure en cordelette, ayant au centre un fleuron; il soutient une Victoire stéphanéphore au vol.

Haut., [illegible] cent.

101 — (Pl. VI). Pendentif de boucle d'oreille en or massif ciselé. Éros jouant des crotales.

Haut., 25 millim.

102 — Pendentif de boucle d'oreille. Éros au vol; il est couronné de pampres et porte en sautoir un cep de vigne; de la main gauche, il tient une patère; de la droite élevée, une œnochoé.

Haut., 25 millim.

103 — Boucle d'oreille. Rosace finement filigranée, soutenant deux chaînettes et une figurine d'Éros échanson.

104 — Boucle d'oreille. Éros échanson.

105 — Paire de boucles d'oreilles. Rosace soutenant une figurine d'Éros au vol, qui porte de la main gauche une couronne et de la droite une grande amphore.

Haut., 25 millim.

106 — Paire de boucles d'oreilles. Éros au vol, portant un trophée d'armes.

Haut., 35 millim.

Voir, pour ces mêmes types, les figurines de Tanagra et de Myrina.

107 — Paire de boucles d'oreilles. Anneau en torsade; une figurine d'Éros au vol est soudée à l'anneau; au-dessus de sa tête, une rosace.

108 — Autre paire de même type. Anneau simple; au-dessus de la tête d'Éros, un grenat serti d'or.

109 — Autre paire de même type.

110 — Autre paire de même type.

111 — (Pl. VI). Paire de boucles d'oreilles. Anneau lisse, soudé à une plaque d'or découpée en forme de trèfle et au milieu de laquelle est sertie une tablette de grenat. L'anneau est relié par une chaînette à un petit médaillon orné d'un grenat, et qui soutient une figurine d'Éros au vol.

Haut., 6 cent.

112 — Paire de boucles d'oreilles en or. Anneau à torsade; sur le devant, une plaque de grenat taillée en forme de trèfle et sertie d'or.

113 — Spirales pour boucles de cheveux. Ruban à spirale orné de globules.

114 — Petit diadème en or estampé. Ruban d'or sur lequel est répétée trois fois une série de quatre ornements estampés : mufle de lion de face, étoile à seize rayons, masque de Gorgone, tête de nymphe de face.

115 — (Pl. VIII). Collier. Chaînette à fermoirs en forme de jeunes taureaux, ayant comme pendentif deux médaillons à sujet en haut relief : sur un fond de draperie parsemée de fruits, on voit un buste voilé de Vénus et, sur son épaule, Éros qui lui chuchote à l'oreille.

Très beau travail hellénistique.

Long., 45 cent.; diamètre du médaillon, 4 millim.

Pl. VI

198
75
118 118
144 175 175 144
111 111
44 44
120 120
147 147 84
94 94
76 76
98 101 92 155 155
74 74
100 100

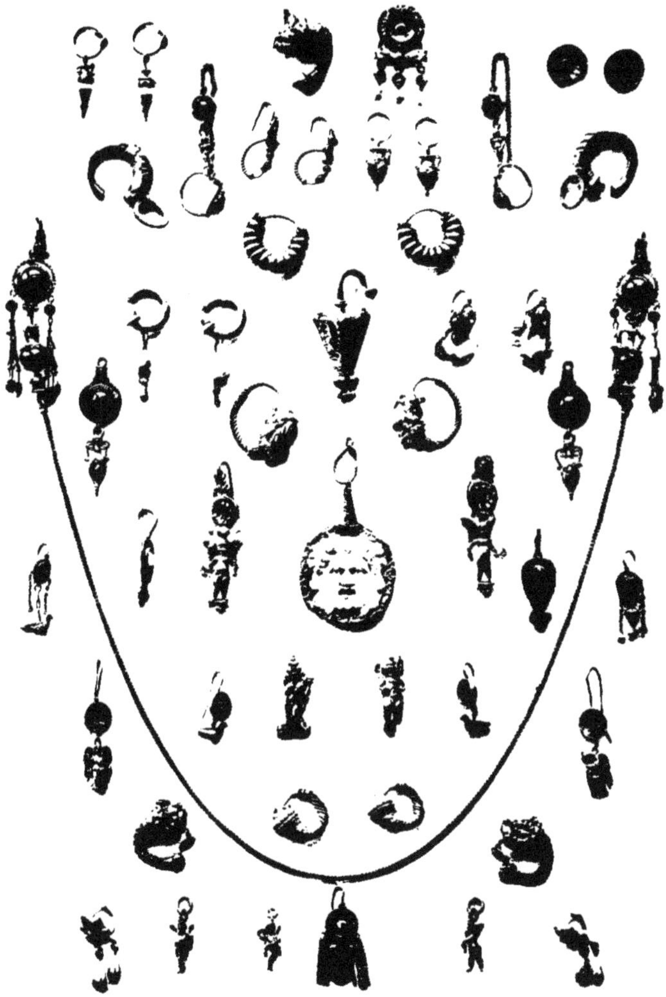

116 — Paire de boucles d'oreilles en or estampé. Victoire au vol.

117 — Paire de boucles d'oreilles. Un disque à triple bordure en cordelette, au centre duquel est serti un gros grenat, soutient une amphore de forme très élégante, dont la panse est ornée d'un rang de globules superposés en triangles, en manière de grappes de raisin.

Haut. [illegible]

118 — (Pl. VI). Paire de boucles d'oreilles. Disque orné d'un grenat soutenant une petite amphore en onyx, avec parties en or ornées de grenailles.

119 — (Pl. IX). Bracelet ou collier d'enfant. Chainette tressée, ornée d'un médaillon en or repoussé : buste d'Apollon, de face. Dans la bélière du médaillon est serti un grenat.

120 — (Pl. VI). Paire de boucles d'oreilles reliées entre elles par une longue chaine, tombant sur la gorge. Les boucles d'oreilles sont composées d'un disque orné d'une rondelle de grenat, qui soutient deux chainettes à *crotalia* et une amphore en or et grenat, à anses en forme de dauphins.

Bijou extrêmement rare et d'un travail remarquable. (Alexandrie, époque ptolémaïque).

Provient de la collection Tyszkiewicz, pl. II, 9.

121 — (Pl. VIII). Collier en or, à chaine tressée, orné de trois pendeloques : une en forme de croissant renversé, la seconde en forme de coquille, et la troisième en forme de croissant renversé, enserrant un médaillon orné d'un buste de Diane, accosté des signes suivants : [signe] [signe] — X X.

Bijou ptolémaïque, trouvé en Sicile.

122 — Pendentif de collier en or battu et ciselé. Horus accroupi sur une fleur de lotus épanouie.

C'est la personnification du soleil levant, sous la figure d'un enfant aux jambes encore débiles, ainsi que l'explique Plutarque (*De Pyth. orac.*, 12 ; *ibid.*, 11 et 19).

123 — PENDENTIF DE COLLIER en or battu et ciselé. Pygmée dansant.

124 — PENDENTIF DE COLLIER en or battu. Figurine d'Harpocrate appuyé à un tronc d'arbre : il tient de la main gauche une corne d'abondance et porte l'index de la main droite à la bouche.

Haut., 3 millim.

125 — (Pl. VI). PENDENTIF DE COLLIER en or massif finement ciselé. Figurine d'Harpocrate-Panthée accoudé à un tronc d'arbre, autour duquel s'enroule un serpent. Il est ailé, coiffé du pschent et vêtu d'une nébride ; il porte aux lèvres l'index de la main droite et tient de la gauche une corne d'abondance : à ses pieds est accroupi un chien et rampe une tortue.

Très beau travail alexandrin.

Haut., 35 millim.

126 — LOT de fragments de bijoux grecs.

127 — LOT d'amulettes et pendentifs en or : une araignée, une bractée avec une tête de nymphe à droite, une main fermée, etc.

ART ÉTRUSQUE

128 — (Pl. VIII). COLLIER à parfums en or et pierres dures. Il se compose de treize perles de grenat, alternant avec trente-neuf perles d'or de différentes grandeurs et interrompues, à distances égales, par des pendentifs en forme de cœur ou de *bulles* d'or ; la bélière de ces bulles est mobile et fait office de bouchon, ces bulles étant destinées à contenir des parfums.

Pièce d'une grande beauté et d'une rareté extrême.

Long., 35 cent.

Collection Bourguignon.

129 — Petit cachet en or. Anneau en torsade, soutenant un scarabée; sujet de l'intaille : un lièvre.

130 — (Pl. V). Grand scarabée étrusque, avec sa monture en or finement filigranée. L'intaille représente un homme, assis sur une pierre, en train de dépecer une oreille.

[illegible]

131 — Coulant de collier. Plaque estampée, représentant un Silène et un adolescent.

132 — (Pl. V). Paire de boucles d'oreilles de la forme dite « à baule ». Elles se composent de demi-cylindres, dont la surface extérieure est divisée en dix-huit compartiments profonds, disposés sur trois rangs, et contenant alternativement des mamelons granuleux ou lisses; la tranche antérieure est ornée, en guise d'antéfixe, d'une palmette en filigrane; les côtés sont fermés par des disques ajourés, à décor de palmettes conjuguées.

Travail d'une finesse admirable.

[illegible]

133 — (Pl. V). Autre de même type.

134 — (Pl. V). Autre plus petite, à six compartiments.

135-140 — (Pl. II). Trésor de Ruvo :

a) Fibule en or à *navicella*. L'arc ne forme qu'un tiers de la fibule entière; la gaine de l'ardillon se termine en grosse capsule.

[illegible]

b) Autre; sur l'ardillon sont suspendus deux anneaux en verre.

[illegible]

d) Autre. L'étui se termine par un ornement étagé et sa partie supérieure est ciselée.

Long. [illegible] cent.

e) Autre, l'étui est lisse, l'arc est échancré.

Long., 10 cent.

f) Rondelle en or à dessin estampé, représentant une roue, le moyeu en forme d'étoile; dans les interstices, des tronçons de corde noués en ∞.

Diam., 7 cent.

g) Petite œnochoé en argent, l'anse amortie par une protomé de lion. Type des vases ionico-étrusques.

Haut., 12 cent.

141 — (Pl. II). Diadème étrusque en or estampé. Le diadème est composé d'une large lamelle d'or, ornée au centre d'un gorgonéion semblable à celui des didrachmes de Populonia; les lemnisques sont ornés de paons; la partie non estampée de la lamelle supporte trois rangs de feuilles de laurier et de fleurettes à longues tiges.

Pline mentionne ces couronnes étrusques, qui servirent de modèle aux orfèvres romains (XXI, 4). Le richissime Crassus fut le premier qui, ayant fait faire des feuilles artificielles en argent et en or, distribua à Rome de pareilles couronnes lors de ses jeux. P. Claudius Pulcher (an de Rome 570) fut le premier qui les fit ciseler et y fit ajouter des bractées d'or.

Long., 34 cent.

Ancienne collection Bourguignon.

142 — Pl. II). Diadème funéraire en or estampé, à triple rang de feuilles. Au centre, un fleuron.

Long., 40 cent.

143 — Pl. II). Fibule étrusque en or battu. L'arc naviforme est surmonté d'une crête ajourée et ornée de fleurettes. l'étui de l'ardillon est divisé en trois compartiments à alvéoles: dans le premier, un canard nageant; dans le second, un fleuron; dans le troisième, un lion ailé accroupi.

Long., 32 cent.

144 — (Pl. VI). Paire d'anneaux de cheveux en or battu. Tube recourbé et se terminant en capsule. Ornement finement

repoussé et ciselé, représentant une palmette accostée de deux dauphins.

Haut., 4 cent.

145 — (Pl. VI). Paire de boucles d'oreilles. Tube recourbé orné de filigranes à dessin d'oves et d'entrelacs, soutenant une grosse perle calcinée, qui, à son tour, sert d'attache à un petit aryballe d'or.

Haut., 45 millim.

146 — Partie de collier : barillets en or alternant avec des olives en grenat, pendeloque en forme de *situle*.

BIJOUX
alexandrins et romains de l'ère chrétienne

147 — (Pl. VI). Médaillon en verre taillé serti d'or. Masque tragique couronné de lierre taillé dans une couche de verre blanc posée sur fond bleu. Sertissure en or à dessin de feuilles.

Très beau travail.

Diam. (sans bélière), 4 cent.

148 — (Pl. IX). Bracelet en or massif ciselé. Anneau en torsade, fermoirs en forme de têtes de serpent.

Diam., 55 millim.

149 — Bracelet en or massif ciselé. Anneau lisse se terminant en têtes de serpent.

Diam., 65 millim.

150 — (Pl. IX). Bracelet en or massif ciselé. Cercle finement ciselé, imitant la peau écaillée du serpent et amorti par deux têtes de serpents affrontés.

Diam., 5 cent.

151 — (Pl. IX). Bracelet en or massif ciselé. Il a la forme d'un serpent mordant sa queue.

Diam., 7 cent.

152 — (Pl. IX). Bracelet en or massif ciselé. Double cercle soutenant un serpent qui se dresse en faisant de nombreux replis.

153 — (Pl. IX). Bracelet. Anneau lisse terminé à chaque extrémité par un buste d'Isis.

Diam., 55 millim.

154 — (Pl. IX). Bague. Anneau à spirale amorti, de chaque côté, par un buste d'Isis.

155 — (Pl. VI). Paire de boucles d'oreilles en or battu. Feuille de vigne posée sur une réglette d'où pendent deux amandes d'or *(crotalia)*.

156 — Statuette en argent ciselé. Figurine de femme debout, tenant de la main droite un miroir, et de la gauche une touffe de pavots; à ses pieds, une ciste.

Haut., 35 millim.

157 — (Pl. VIII). Collier. Dix hexagones en cornaline alternent avec neuf nœuds d'or; le nœud central soutient un croissant renversé dont les extrémités arrondies en boules enserrent une perle de cornaline. Le fermoir est composé d'une belle intaille sur cornaline (lion passant à gauche) sertie d'or à fond couvert.

Long., 39 cent.

158 — Coulant de collier en or battu. Figurine de Junon debout, diadémée et s'appuyant à un long sceptre.

159 — (Pl. VIII). Collier. Deux fils d'or parallèles relient quarante ornements en forme de 8, les uns en verre taillé ou en ambre, les autres en fils d'or formant volutes et renfer-

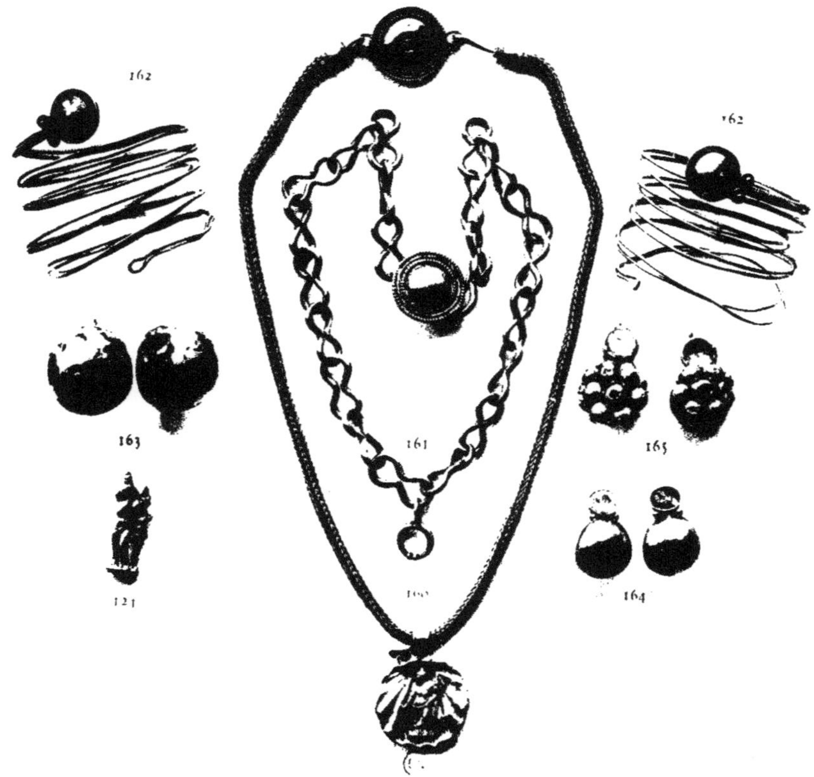
162
162
161
163
165
164
121
160

mant des traces d'émail ; des petites perles en verre masquent les attaches des mailles de la chaîne. Fermoirs à volutes.

Travail d'une grande finesse.

Long., 36 cent.

160-165 — (Pl. VII). Trésor de Boscoreale :

a) Collier en or. Grosse chaîne tressée, fermoir à disque en forme de bouclier ; pendentif, une coquille *pecten* ayant au centre une figurine de la Fortune.

Long., 44 cent.

b) Collier en or. Chaîne à grosses mailles en ∞ : fermoir à disque en forme de bouclier ; pendentif en forme de croissant renversé, à pointes arrondies en boules.

Long., 38 cent.

c) Deux bracelets en or faisant pendants. Fil d'or posé en double et plié en spirales se terminant par une double spirale amortie par un disque en forme de bouclier.

d) Paire de boucles d'oreilles ayant la forme d'une gousse d'ail. Elles sont munies, derrière, d'un crochet fixe à double révolution, ce qui a fait croire à Fontenay, pour des boucles analogues trouvées à Pompeï, que ce pourraient être des anneaux de cheveux.

e) Autre paire de même type, surmontées d'un petit disque dans lequel est sertie une pâte de verre.

f) Autre paire, en forme de corymbe, surmontées d'un petit disque dans lequel est sertie une pâte de verre.

Ces bijoux proviennent des fouilles de l'ingénieur Matrone, à Boscoreale. Une légende bien séduisante s'est formée autour de cette riche parure : ce seraient les bijoux de personnes formant la suite de Pline l'Ancien, car ils ont été trouvés à l'endroit même, près du Sarno, où a dû être suffoqué le grand naturaliste. Cette légende a évoqué les belles pages du célèbre romancier Gustave Toudouze, intitulées *la Vénus des Sépulcres*.

166 — (Pl. VIII). Collier en or battu, composé de dix-neuf dodécaèdres d'or, reliés par une chaînette.

Long., 37 cent.

167 — (Pl. VIII). Coulant de collier. Médaillon de forme ovale, orné d'un buste de Geta en travail repoussé.

Haut., 4 cent.

168 — (Pl. VIII). Pendentif de collier à effigie impériale. Médaillon d'or, à bordure ajourée en forme de *peltes* réunies; à distances égales, quatre alvéoles destinées à contenir des pierres fines. Au centre, une plaque repoussée, ornée de deux bustes affrontés (Otacilie et sa fille ?). Au revers, plaque estampée, ornée d'une grande étoile et d'un cercle de gros grènetis.

Diam., (sans la bélière), 55 millim.

169 — Collier en or et cornaline. Chaînette à double maille en ∞ interrompue, à distances égales, par dix dodécaèdres en cornaline. Fermoir imitant une roue.

Long., 50 cent.

170 — Collier en or et grenat. Deux chaînettes à maille simple, reliées de distance en distance et traversant des petits polyèdres en grenat. Fermoir à volutes.

Long., 34 cent.

171 — Pendentif de collier. Lamelle d'or striée, soutenant un camée en onyx : masque de Méduse, serti à fond couvert dans un médaillon à bordure ajourée.

Haut., 15 millim.

172 — Paire de boucles d'oreilles. Disques d'or ornés de camées en onyx, à têtes de Méduse.

173 — Paire de boucles d'oreilles en or et pierres dures. Elles prennent la forme d'une amphore ayant, sur sa panse, trois chatons saillants ornés de grenats et munis de crochets soutenant des capsules d'or en forme de grenades.

Haut., 4 cent.

Pl. VIII

77

82

195 167

128

168 188 19

193 194

121

166

64 157 84

190

159

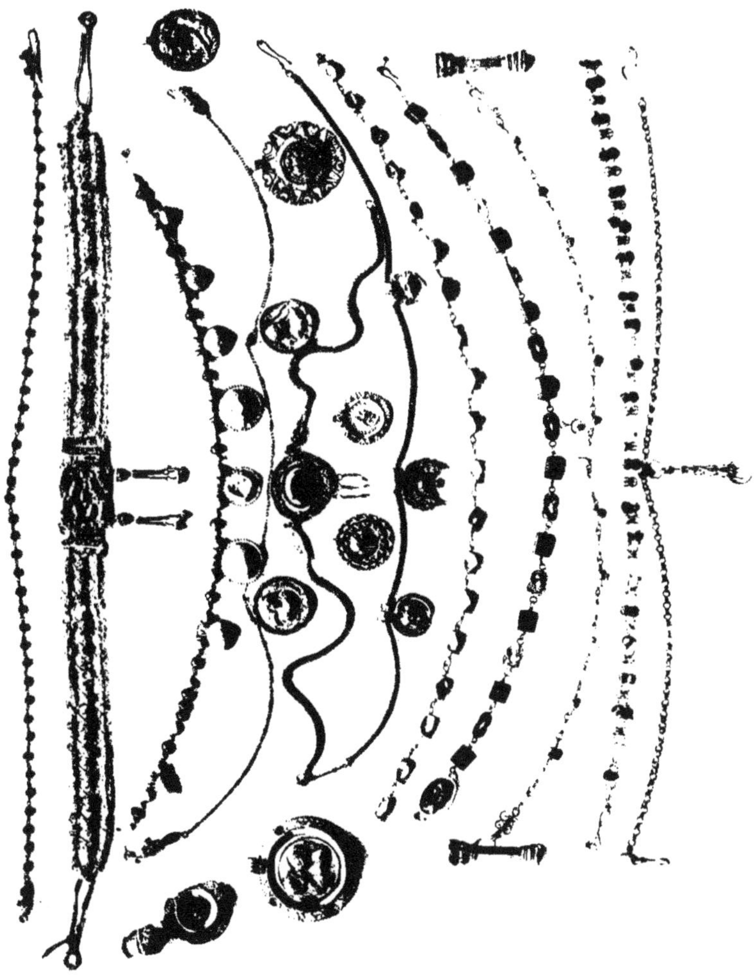

174 — Paire de boucles d'oreilles en or et pierres dures. Anneau lisse soutenant trois chaînettes amorties par des perles de grenat.

Haut., 4 cent.

175 — (Pl. VI). Paire de boucles d'oreilles en or et verroterie. Anneau d'or enfilant des perles de verre et des grains d'or, relié par un ornement en forme de lyre à un crochet d'or.

Haut., [illegible] cent.

176 — Paire de boucles d'oreilles en or et pierres dures. Un anneau lisse, auquel sont soudés des disques ornés de grenats, soutient un battant de cloche en or.

Haut., 28 millim.

177 — Boucle d'oreille en or et verroterie. Anneau lisse soutenant une tablette à perle et une massue, dont la poignée est en or battu et la masse en perle de verre.

Haut., [illegible] millim.

178 — (Pl. VIII). Collier en or. Chaînette à double maille : pendentif en or battu, en forme de massue noueuse : fermoir à volutes.

Long., [illegible] cent., hauteur du pendentif, [illegible] cent.

179 — Paire de boucles d'oreilles. Disque à bordure en cordelette, au centre duquel est sertie une pâte de verre : pendentif en forme de massue.

Haut., [illegible] millim.

180 — Collier en or et verroterie. Chaînette simple traversant des perles en verre. Fermoir : disque ajouré renfermant le monogramme du Christ.

Long., [illegible] cent.

181 — Fragment de collier en or, perles fines et verroterie. Chaîne simple traversant des perles fines ou des perles de verre.

182 — Paire de boucles d'oreilles en or, perles et rubis. Anneau lisse soutenant de longs pendentifs ornés de perles fines et d'olives en rubis.

Haut., 7 cent.

183 — Paire de boucles d'oreilles en or, lapis et saphirs. Anneau à tablette de lapis sertie d'or ; olive et saphir en pendentif.

Haut., 3 cent.

184 — Paire de boucles d'oreilles en or et améthyste. Anneau simple et olive d'améthyste en pendentif.

Haut., 35 millim.

185 — Collier en or et pierres gravées. Chaîne d'or à double maille en forme de ∞, interrompue au centre par une cornaline gravée et sertie d'or : intaille : tête laurée de Mercure de face, de très joli travail. Fermoir en forme de roue.

Long., 34 cent.

186 — Trois ornements en argent repoussé : un médaillon représentant Bellérophon (sous les traits d'Alexandre ?) tuant la Chimère (le même type se trouve sur un contorniat romain, Gnecchi, *Monete romane*, p. 142) ; une tête de bacchante couronnée de lierre et une tête de femme à coiffure asiatique.

187 — Fibules d'argent.

188 — (Pl. VIII). Collier en or et pierres dures. Chaîne à plusieurs rangs de mailles tressées, amortie par deux têtes de serpents qui mordent les charnières d'un médaillon ovale, composé d'un grand disque d'onyx serti d'or ; bordure ornée de fleurettes dont les longues tiges recourbées forment un dessin de flot.

Long., 39 cent.

189 — Collier en or et verroterie. Trente-deux perles de verre imitant le lapis, passées dans une chaîne d'or ; fermoirs à volutes.

Pl. IX

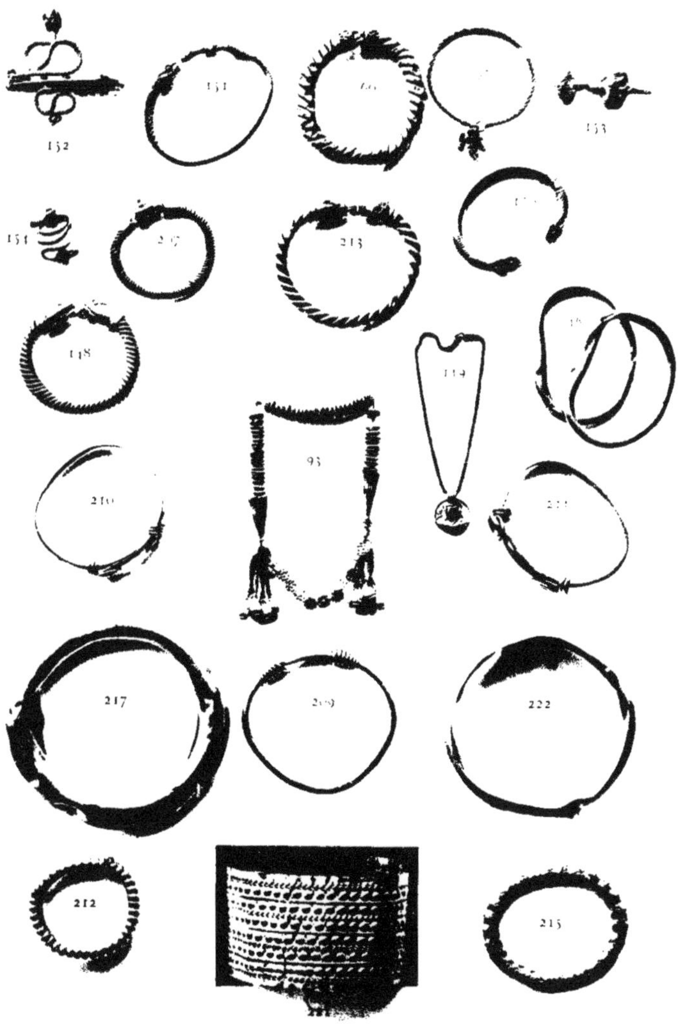

190 — (Pl. VIII). COLLIER en or et pierres dures. Polyèdres en prime d'émeraude passés dans une chaîne d'or ; fermoirs à volutes.

[illegible]

191 — FRAGMENTS d'un collier en or et verroterie de basse époque romaine.

192 — (Pl. VIII). MONNAIE d'or de Coson, roi de Thrace (42 ans av. J.-C.), au type suivant : ΚΟΣΩΝ. Brutus entre deux licteurs. ℞ Aigle, montée dans un cadre ajouré à bélière.

193 — (Pl. VIII). MONNAIE d'or de la gens Vibia (Cohen, n° 27), montée dans un cadre ajouré à bélière.

194 — (Pl. VIII). MONNAIE d'or de Lucius Verus (Guinaire, Coh., n° 249), montée dans un cadre ajouré mordu par une tête de lion (fragment de collier).

195 — (Pl. VIII). MONNAIE d'or de Gallien (Coh., n° 1269), montée dans un cadre ajouré à bélière.

196 — MONNAIE d'or d'Anastase, montée dans un cadre d'or.

Les Gaulois et les Francs ont souvent fait monter ainsi les monnaies impériales ; même les empereurs faisaient présent aux princes barbares de leur effigie montée en bijoux.

LES PEUPLES BARBARES

Les Gaulois

197 — DEUX FRAGMENTS de torques en or pâle.

198-208 — (Pl. VI et IX). TRÉSOR DE VILLARDU (IIIe siècle av. J.-C.) :

a) Paire de boucles d'oreilles. Grenats en cabochon sertis d'or à fond couvert et entourés d'une bordure ajourée.

b) Paire de boucles d'oreilles. Grande rosace ajourée, ayant au centre une alvéole destinée à contenir une perle ; la rosace est posée sur un ornement en or découpé, composé de deux ∽ dont l'extrémité supérieure simule une tête de canard ; elles servent d'attache à trois pendentifs composés de grenats sertis dans des losanges d'or et de perles fines.

Haut., 4 cent.

c) Autre paire de même type.

Haut., 4 cent.

d) Autre paire de même type ; la rosace pose sur un ornement composé de deux dauphins allant en sens inverse.

Haut., 35 millim.

e) Autre paire. Anneau lisse soutenant une réglette à laquelle sont suspendues trois tiges d'or, ornées chacune d'un losange d'or à perle de grenat et amortie par une perle fine.

Haut., 5 cent.

f) Paire de boucles d'oreilles en forme de rosaces.

g) Autre de même type.

h) Ornements en or à forme de *torques*.

i) Anneau composé de deux fils d'or en torsade.

j) Bracelet. Anneau à torsade : au centre, entre deux charnières, agate conique sertie d'or, à fond couvert.

k) Monnaies romaines du IIIe siècle.

209 — (Pl. IX). Bracelet en or massif. Anneau lisse ; enroulement serpentin des extrémités superposées.

Diam., 8 cent.

210 — (Pl. IX). Bracelet en or massif. L'anneau est aplati en guise de ruban, dont les deux extrémités superposées s'amincissent en fils d'or et sont enroulées en spirale respectivement sur la tige opposée.

Diam., 7 cent.

211 — (Pl. IX). Autre de même type.

Diam., 7 cent.

212 — (Pl. IX). Bracelet en or massif. Il se compose de deux rangs superposés de capsules d'or, soudées ensemble en cercle.

Diam. [illegible] millim.

213 — (Pl. IX). Bracelet d'or en fonte ciselée. Anneau en torsade amorti par des masques de lions affrontés.

Imitation barbare d'un modèle grec.

[illegible]

214 — Deux ornements en or battu et ciselé. Anneaux façonnés en guise de perles godronnées et de capsules enfilées.

Diam. 5 cent.

215 — (Pl. IX). Bracelet de forme elliptique en or battu et ciselé, à décor de feuilles et de fleurettes renfermées dans des losanges ornés de grenetis.

Long. 7 cent. ; [illegible] cent.

216 — Bracelet en or pâle. Large ruban d'or, ayant 30 millimètres de haut.

[illegible]

217 — Grand bracelet en or battu.

Diam. [illegible] cent.

218 — Petit masque de centurion, orné de cercles saillants concentriques qui renferment un bouton saillant.

Diam. [illegible] millim.

219 — Grande boucle d'oreille. Anneau en or martelé à quatre faces ; les deux faces extérieures gravées au pointillé : deux lignes brisées qui en se rencontrant, forment des losanges.

[illegible]

220 — Petit bracelet en or martelé. Anneau à trois faces.

Diam. 6 cent.

5

221 — (Pl. IX). Ceinture en or, avec ornements au repoussé : plusieurs rangs de S, annelets et grènetis. Fermoirs à crochets.

Travail gaulois.

Long., 42 cent.

222 — Bractées gauloises en or, estampées sur des monnaies de Trajan et d'Hadrien.

223 — (Pl. IX). Grand bracelet d'or. Large ruban incisé, dessin à losanges, damiers pointillés, etc.

Diam., 9 cent.

224 — Magnifique bracelet en bronze à double spirale, de forme très élégante et d'une superbe patine.

[illegible]

225 — Lot de fibules et bracelets gaulois en bronze.

226 — Lot d'objets en bronze. Grande fibule serpentiforme, cuillère, compas, etc.

Lombards, Francs, Visigoths

227 — (Pl. X). Grand disque de fibule, d'art lombard, en or, à décor de bosselages, filigranes et incrustations de pierreries. Au centre, une plaque ovale en cornaline, avec intaille représentant un œil, sertie dans une alvéole saillante; autour : 1° un cercle filigrané à décor de ഗ et peltes; 2° un grand anneau saillant, orné de croix formées d'annelets; 3° un rang de dentelures remplies d'annelets superposés, des mamelons ornés d'annelets étant disposés en croix. Le tout est bordé de fils rapportés, disposés en S, et d'un cercle de grènetis.

Trouvé en Italie.

Diam., 65 millim.

228 — (Pl. X). Pommeau d'épée en or pâle. Il se compose de deux cylindres évasés superposés. Sur la face supérieure,

Pl. X

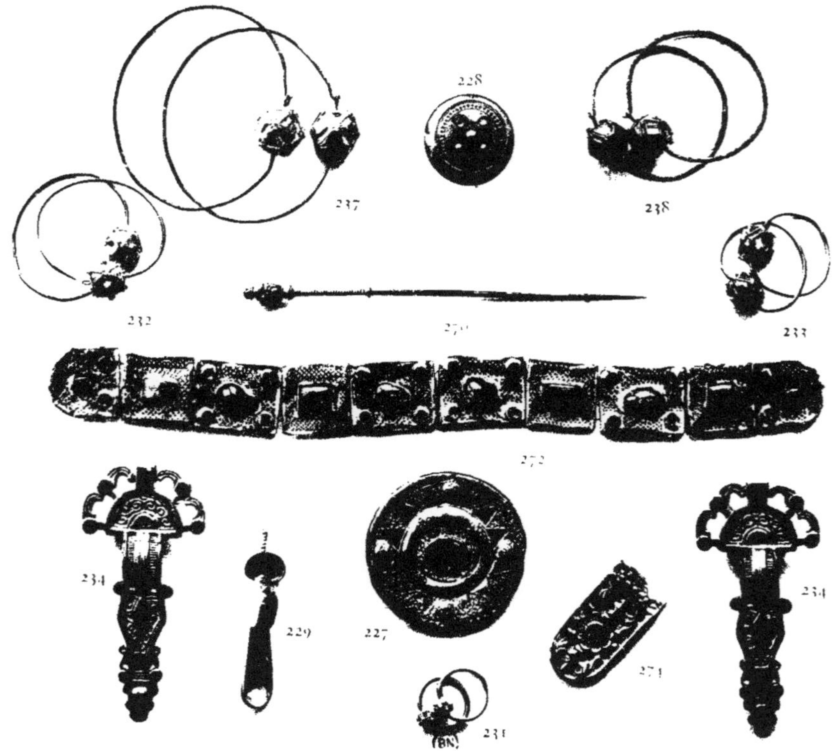

dessin gravé : croix d'entrelacs, ornée de globules saillants et encadrée de cercles concentriques à annelets et grènetis.

Pièce très rare.

Haut., [illegible] cent.

229 — Pl. X. Fibule à cuiller en or massif, à incrustations de grenat. L'arc est orné d'incrustations simulant des rinceaux de lierre fleuri : l'ardillon est à vis.

Remarquable travail mérovingien.

Haut., [illegible] cent.

230 — Pl. VI. Paire de boucles d'oreilles en or et améthyste. Plaque d'améthyste en forme d'amande sertie d'or, à bordure en cordelette.

Haut., [illegible] cent.

231 — Pl. X. Paire de boucles d'oreilles en or. Anneau à manchon polyédrique orné de globules.

232 — Pl. X. Boucle d'oreille en or. Grand anneau lisse passant à travers un manchon d'or en forme de dodécaèdre orné de quatre losanges et de huit triangles à tablettes de verre imitant le grenat.

Larg., [illegible] cent.

233 — Pl. X. Autre de même type : les angles des losanges sont ornés d'annelets en filigrane.

Haut., [illegible] cent.

234-269 — Pl. X. Trésor d'Herpes, commune de Courbillac, canton de Rouillac (Charente). Plusieurs de ces objets ont été publiés dans le *Bulletin de la Société archéologique et historique de la Charente*, par MM. Ph. Delamain, M. Prou et le baron de Baye.

Paire de fibules en argent niellé et doré et à tablettes de verre cloisonné. Couronnement en demi-compas à décor de rinceaux ayant sur sa tranche quatre têtes d'aigles, arc à nervure médiane niellée et accostée de rinceaux ; tige à losange ornée de rinceaux et amortie par une tête de fauve.

Long., [illegible] cent.

Fibule de même type.

Delamain, pl. XIII, nº 84.

Long., 92 millim.

Autre paire de même type en bronze doré.

Long., 9 cent.

Paire de boucles d'oreilles. Grand anneau en argent traversant un manchon polyèdre en or à verres rouges cloisonnés imitant le grenat.

Haut., 6 cent.

Paire de boucles d'oreilles de même type ; manchon en or : polyèdres à verres bleus et rouges.

Haut., 75 millim.

Autre paire ; polyèdres en or à tablettes cloisonnées en verre jaune et vert.

Haut., 7 cent.

Autre paire : polyèdres en or à tablettes de verre jaune, rouge, vert et bleu.

Haut., 5 cent.

Autre paire ; manchons en argent à verres cloisonnés.

Paire de fibules radiées en argent doré. Couronnement en demi-compas, à décor de rinceaux ayant sur la tranche cinq boutons ornés de verroterie ; arc à méandres ; tige à losange ornée de verroterie et amortie par une tête de fauve.

Long., 10 cent.

Paire de fibules en argent doré à tête carrée, tige ornée de méandres et amortie par une tête de fauve.

Long., 9 cent.

Paire de fibules radiées en argent niellé et doré. Couronnement en demi-compas, ayant sur la tranche cinq boutons à verres cloisonnés ; tige droite ornée de rinceaux et de denticules.

Long., 9 cent.

Delamain, XIV, 93.

Paire de fibules radiées en argent niellé et doré. Couronnement en demi-compas à décor de réseau ayant sur la tranche cinq boutons de verroterie ; tige droite ornée d'annelets et de denticules.

Long., 82 millim.

Fibule de même type en argent doré.

Long., 92 millim.

Fibule de même type; ornement à rinceaux et denticules.

Long. 72 millim.

Paire de fibules de même type en argent doré.

Fibule de même type: au centre de la tige, un rang de rondelles en verre rouge imitant le grenat.

Long. [illegible] millim.

Delamain, pl. XIII, 86.

Fibule radiée en argent doré. Couronnement en demi-compas, orné de rinceaux, et ayant sur la tranche sept boutons; tige droite à carreaux striés.

Delamain, pl. XIV, 91.

[illegible]

Fibule radiée en argent doré. Couronnement en demi-compas, orné de rinceaux, et ayant sur la tranche cinq têtes de fauves.

Long. [illegible] millim.

Fibule radiée en argent doré. Couronnement en demi-compas, orné de rinceaux, et ayant sur la tranche cinq boutons; la tige, à losange, est ornée d'abord d'une croix ayant au centre une perle en verre bleu, ensuite d'une tête humaine amortie par une perle en verre rouge, et se termine par une tête de fauve.

Pièce de la plus grande rareté.

Long. [illegible] cent.

Fibule radiée en argent doré, ornée de verroterie. Couronnement à cinq boutons; tige à losange amortie par une tête de fauve. Ornements à méandres.

Long. [illegible] millim.

Lot de huit fibules en bronze et en argent doré.

Lot de fibules en bronze.

Delamain, pl. VI, 20, 22, 25.

Boucle à plaque carrée en bronze plaqué d'argent et doré; au centre de la plaque, une rosace ornée de verres cloisonnés verts et rouges.

Delamain, pl. VI, 26.

Boucle à plaque ovale en bronze, à cloisons ayant contenu de l'émail ; dessin : une fleur de lis dans un cercle de globules.

Pièce très rare.

Boucle de ceinturon. Ornement en forme de serpent.

Long., 12 cent.

Lot de boucles, à dessins gravés et ciselés.

Delamain, pl. IV, 13, 14, 15 ; VI, 21, 24, 27 ; VII, 28, 29, 30, 32, 33, etc.

Fermoir d'aumônière en argent, à tablettes de verre rouge cloisonné. Dessin rudimentaire de deux têtes de mulets.

Bracelets en argent.

Delamain, pl. XI, 70 et 71.

Deux grandes chaînes à sautoir, supportant, l'une un crochet et une rondelle, l'autre un crochet et une croix.

Verres de formes différentes : œnochoé à pied, ornée de filets rapportés (Delamain, 140) ; cornets en verre transparent (134), ou à dessin de filets (130) blancs opaques ; vases sans pied, en forme de tulipe, et ornés d'un dessin en relief figurant une croix (132, 133), en forme de cylindre évasé (131) ; flacons (135, 136, 138, 139, 141, 142) et bols de formes diverses (143, 144).

Lot d'armes et ustensiles en fer.

Lot de colliers composés de perles en pâte de verre de différentes couleurs, en ambre, cristal de roche ou pierres dures.

Voyez des échantillons sur les planches XII et XVI de l'ouvrage de Delamain.

Lot de vases et ustensiles en bronze.

Lot de vases en terre noire, avec dessins à la roulette imitant des feuilles, ou à décor de carrés, triangles et annelets.

Voyez Delamain, pl. XVII, 119, 120 et 121 ; XVIII, 122 et 123.

Lot de vases en terre jaune et rouge.

Delamain, pl. XIX, 124-127.

Lot de monnaies de Tibère, Antonin, Posthumus, Gallien, Tetricus, Constantin, Justinien, etc.

270 — Pl. X. Épingle de chlamyde à tête d'or finement filigranée. — Autre en argent niellé.

ART BYZANTIN

271 — Boucle d'oreille en or découpé. Croissant à ornementation ajourée : le monogramme du Christ accosté de deux paons.

272 — Pl. X. Ornement de ceinture en or. Il se compose de dix plaques : la première et la dixième hexagonales, en forme de temple : les deuxième, quatrième, septième et neuvième, carrées : les autres, rectangulaires : elles sont toutes ajourées et le décor, variant presque pour chaque plaque, consiste en fins réseaux de fleurettes, croisillons ou étoiles, rinceaux feuillagés et fleuris dont les volutes élégantes composent un dessin exquis et d'une finesse extraordinaire : — des pierres dures : prime d'émeraude, améthyste, cristal de roche à cabochon ou à tablettes à facettes, sont serties dans des alvéoles ou au sommet de mamelons saillants, et ajoutent le charme des couleurs à ce fin travail d'orfèvrerie.

Pièce de la plus grande rareté. Fin du [illegible] [illegible]

273 — Ornement de grande épingle en or. Il se compose d'une plaque en or estampé, de forme triangulaire, recouvrant cinq tiges d'or posées en éventail et amorties par de grosses boules d'or. La plaque est ornée d'un semis de globules et présente, au centre, d'un côté un mamelon ajouré en forme de dôme, de l'autre un disque saillant entouré d'un cercle en cordelette. Dans le haut, une charnière

[illegible]

274 — (Pl. X). Extrémité d'un fourreau d'épée en or ciselé.

Décor ajouré de feuillages encadrant une rosace portant, des deux côtés, le nom IOANNOY, en monogramme cruciforme.

Remarquable travail byzantin. Trouvé en Sicile.

Haut., 55 millim.

275 — Boucle d'oreille byzantine, en or battu et filigrané.

276 — Boucle d'oreille byzantine. Anneau d'or soutenant un disque à fin travail filigrané : cercles concentriques à grènetis et à fleurettes ; derrière, un réseau à volutes.

Haut., 48 millim.

277 — Bractée. Bustes affrontés de saint Pierre et de saint Paul ; dans les champs, une croix entre deux étoiles. IXe siècle.

278 — Disque en or, à dessin en creux conservant des traces d'émail. Buste d'un saint accosté des lettres M T A Θ. Au ℟ mêmes lettres et contours du buste en relief.

Travail byzantin du Xe siècle.

Diam., 2 cent.

MOYEN AGE

279 — Pendeloque en or ciselé, représentant deux sirènes soutenant un cœur. XIIIe siècle.

280 — Boucle en or niellé. Cercle à bordure de denticules portant l'inscription : + AMIE AIMEZ : AMI RVEZ receveZ : TM. XIVe siecle.

281 — Petite boucle en or émaillé. Inscription. Au ℟ des cœurs entre deux trèfles. XIVe siècle.

282 — Boucle en argent niellé. Anneau à inscription : + AVE MARIA GRACIA DOMINVS T. XIVe siecle.

283 — Boucle en argent niellé, à segments de cercle. Inscription : AVE MARIA GR. XIVe siecle.

284 — Bague en or niellé du XIVe siècle.

Pl. **XI**.

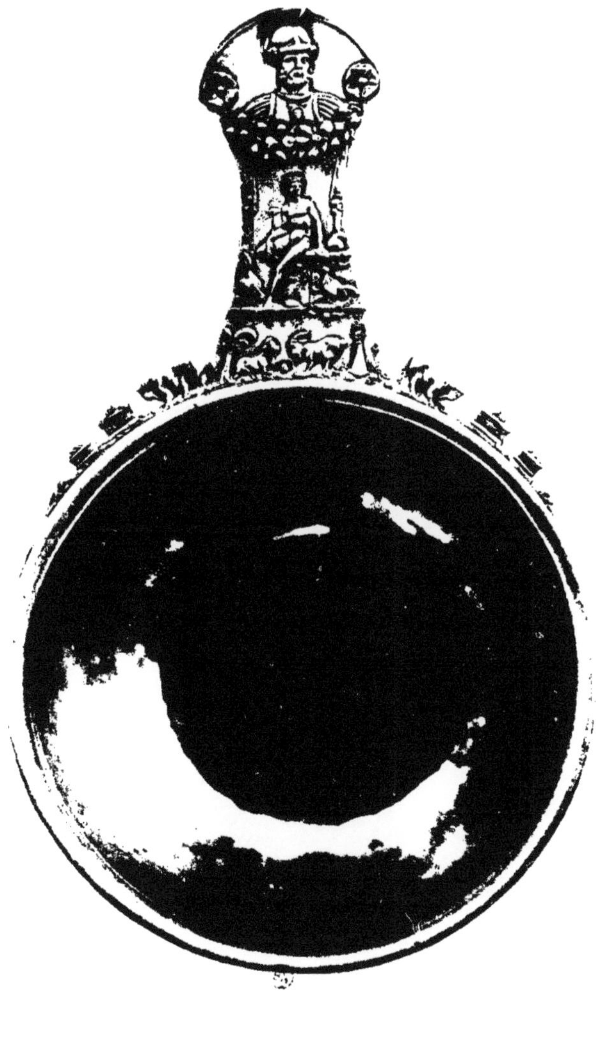

VAISSELLE D'ARGENT

285 — Pl. XI. Casserole en argent ciselé et rehaussé de dorures. Manche plat orné de hauts-reliefs étagés. Dans le haut, un buste de Mars, de face, posé sur une guirlande de fruits; de chaque côté, une rosace. Au-dessous, Mercure assis près d'un autel agreste, surmonté d'un Terme barbu, et à ses pieds, deux coqs; dans un troisième registre, servant d'attache à la patère, se déroule une charmante scène rustique : une chèvre assise à l'ombre d'un palmier et un bouc se levant; plus loin, deux jeunes taureaux s'approchent d'autels chargés de fruits. Tout ce décor est ciselé et gravé avec une grâce et une franchise qui n'ont pas d'égales. Le dessous est décoré de cercles et de moulures exécutés au tour. Au revers du manche, se lit l'inscription suivante, au pointillé : [illegible] officina [illegible].

Trouvée en Suisse. [illegible] Kt. Aargau. [illegible] Voir O. Hauser, *Vindonissa. Das Standquartier römischer Legionen.* Zurich, [illegible]4.

Œuvre remarquable.

[illegible]

286 — Casserole en argent ciselé et gravé. Manche plat, dont l'extrémité et l'attache sont amorties par quatre chevisques. Il est orné de petits bas-reliefs étagés, représentant un masque de Panisque sur une ciste, une corbeille remplie de fruits et un thyrse en sautoir, un masque de Satyre avec le *pedum* en sautoir, une chèvre auprès d'un arbrisseau, et un masque de Silène. Sur la partie intérieure du manche, lettres au pointillé donnant le poids de l'objet et le nom du propriétaire : MARI FILIA.

Trouvée en Espagne.

[illegible]

287 — Autre. Mêmes sujets en sens inverse.

Trouvée en Espagne.

288 — GOBELET en argent. Masques de Dionysos; Satyre et Ménade dansant; chèvres broutant les feuilles d'un arbrisseau ; objets divers du culte dionysiaque.

Trouvé en Espagne.

Haut., 7 cent.

289 — CUILLER en argent.

---

290 — GOBELET en argent ciselé. Le décor circulaire est divisé en trois compartiments par des cercles à ruban tressé. Dans la première frise, on voit deux paons se croisant et suivis par des aigles ; plus loin, d'un côte, un chien saisissant un lièvre ; de l'autre, un oiseau poursuivant un renard. Semis de rosaces. Dans la seconde frise, deux dragons, les cous enlacés, les têtes affrontées ; plus loin, des lièvres effarouchés, un dragon saisissant un unicorne et un griffon en chasse. Au troisième rang, un cerf aux abois, un chien poursuivant un lièvre, un renard traînant un coq et poursuivi par un chien. Sur le fond, *graffiti* arabes.

Travail oriental.

Pl. XII

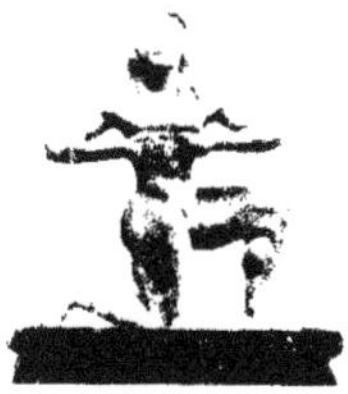

295

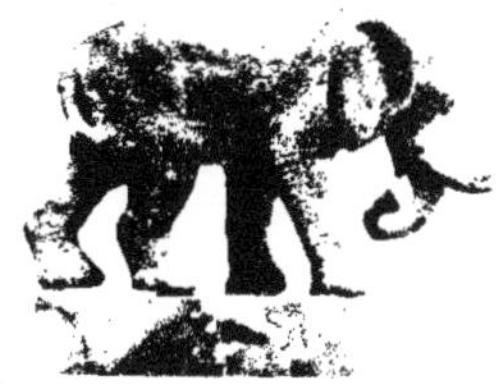

299

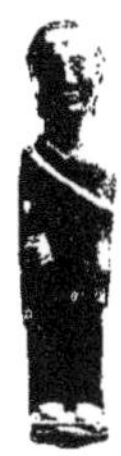

291

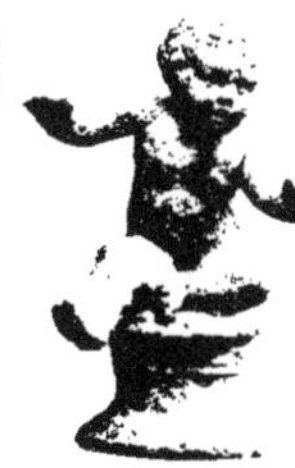

306

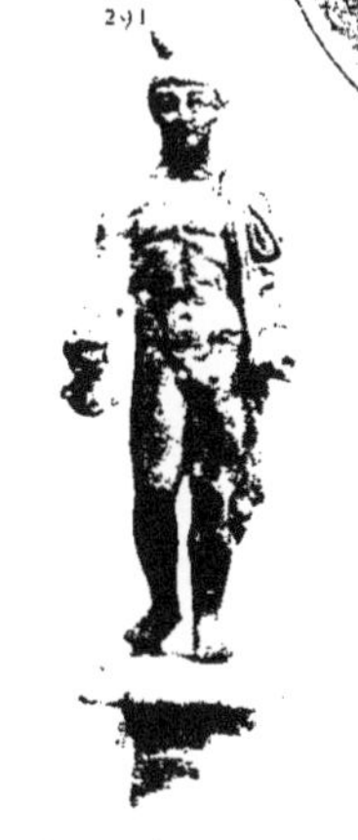

302

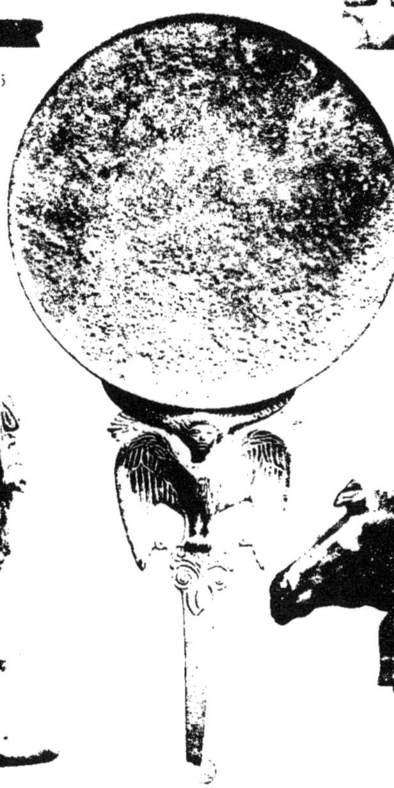

318

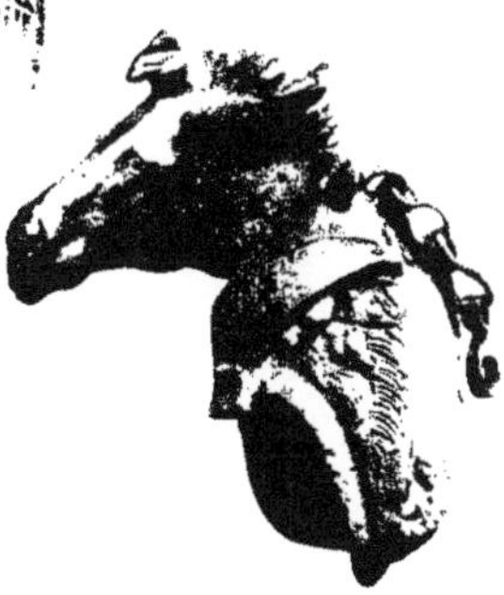

30[illegible]

BRONZES

STATUETTES

291 — (Pl. XII). FIGURINE DE FEMME debout, de style archaïque drapée dans son himation, une seule main libre, l'attitude rigide, le corps en gaine.

Travail archaïque de style ibérique.
Trouvée près de Grenade.

Haut., 62 millim.

292 — JEUNE FEMME debout et drapée, une main sur la hanche, l'autre tendue en avant.

Bronze phénicien. Belle patine claire.

Haut., 16 cent.

293 — STATUETTE grotesque.

Bronze phénicien.

294 — LOT de trois statuettes de style phénico-ibérique.

Fabrication grossière.

Bélier debout.

Bronze phénicien.

Long., [illegible] cent.; haut., 5 cent.

295 — (Pl. XII). FIGURE virile courant à droite. Attitude archaïque de la course : les jambes de profil, pliées, le genou droit fléchissant jusqu'au ras du sol; le corps et la tête de face; les poings fermés et serrés contre la poitrine.

Le modelé est d'une franchise et d'une élégance absolument remarquables. Publiée dans *le Musée*, I, p. 26, pl. I.
Trouvée à Capoue.

Haut., 75 millim.

296 — LE MÊME type, de travail ibérique.

Trouvé dans une des îles Baléares.

Haut., 10 cent.

297 — Le même type, de travail italique ; les bras sont écartés de la poitrine, le droit levé et le gauche abaissé.

Trouvé à Capoue.

Haut., 8 cent.

298 — (Pl. XIV). Grand masque tragique en bronze d'une intensité d'expression remarquable.

Beau travail grec, trouvé à Boscoreale.

Haut., 11 cent.

299 — (Pl. XII). Statuette d'éléphant marchant lentement.

Bronze italiote du IIIe siècle av. J.-C., travail admirable. Publiée dans *le Musée*, t. I, p. 162.

Long., 11 cent.; haut., 75 millim.

300 — (Pl. XII). Tête de mulet. Sur le cou, un bourrelet de peau de mouton doublée d'étoffe, à bordure ornée d'une grecque (incrustations d'argent) ; la tête est pleine de vie : tendue en avant, les oreilles en arrière, les narines dilatées, saisie dans toute la manifestation d'un vif désir de l'étable : le mulet *sent l'écurie*.

Bronze alexandrin d'un modelé exquis. Poids, avec anneau de suspension.

Haut., 15 cent.

301 — (Pl. XIII). Jeune taureau debout, retournant vivement la tête et prêt à gambader follement. Il pose sur un socle en bronze finement ciselé.

Œuvre alexandrine d'un charmant réalisme ; on pense à la belle épigramme du Tarentin Léonidas, sur la fameuse *Vache* de Myron : « *Non, Myron ne m'a pas sculptée, il ment ; mais, tandis que j'étais à paître, m'ayant chassée du troupeau, il m'a attachée sur ce socle de pierre* ».

Ce bronze a été trouvé à Boscoreale, dans les fouilles de De Prisco, qui ont mis à jour les belles fresques actuellement au musée de New-York ; il provient de la maison d'où on a retiré le riche mobilier qui est au musée de Berlin.

Haut., 75 cent.; long., 15 cent.

Pl XIII.

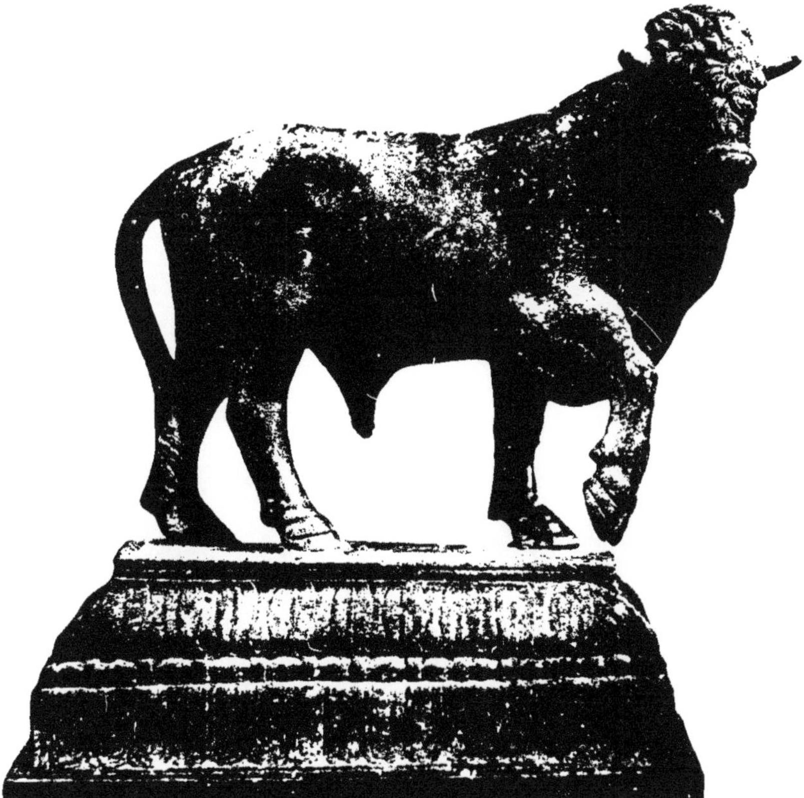

302 — (Pl. XII). STATUETTE de Mercure debout, la jambe droite légèrement en retraite. Il est coiffé du pétase ailé, la chlamyde rejetée sur l'épaule gauche et tient de la main droite avancée une bourse, tandis que de la main gauche il portait le caducée.

Interprétation romaine d'une statue grecque du Ve siècle.
Trouvée à Boscoreale (fouilles Matrone), avec les bijoux n° 160-165).
Socle en pierre dure.

303 — PETIT TAUREAU COUCHÉ.

Bronze sassanide.

304 — LOT de cinq statuettes en bronze. Animaux.

305 — LOT de fragments en bronze. Grappe de raisins.

LAMPES

306 — (Pl. XII). LAMPE grecque en bronze. Anse en forme de tige feuillée formant le nœud d'Hercule. Pour couvercle, une délicieuse statuette d'enfant effrayé (Iphiclès).

[illegible]

307 — (Pl. XIV). LAMPE ayant la forme d'un prisonnier à la cangue. Il est étendu sur le dos, marqué au fer rouge sur l'épaule (l'on y voit gravé un cartouche), les jambes sont repliées sur le torse, ses mains sont ligotées aux pieds. Il a le type syrien : nez aquilin, grands yeux, lèvres épaisses, oreilles écartées ; les prunelles des yeux sont en verre.

Trouvée en Égypte.

[illegible]

308 — (Pl. XIV). LAMPE à six becs (couronnement de candélabre). Au centre, dans une rosace, tête de Méduse de face ; autour, six figurines en applique : un Satyre tenant un

flambeau : une Ménade dansant et jouant du tambourin ; un satyre, le thyrse sur l'épaule, traînant un bouc ; Silène tenant un thyrse et une outre ; une Ménade portant un faon sur l'épaule ; un troisième Satyre tenant une amphore et une patère.

Pièce unique et de la plus grande beauté.

Ancienne collection Castellani (Cat. Froehner, n° 280).

309 — (Pl. XVI). Grande lampe à deux branches, suspendue par un groupe de chaînes tressées qu'interrompt une tablette de bronze destinée à recevoir une inscription, et servant d'attache à une charmante statuette de Mercure au vol, qui se trouve ainsi planer au-dessus des flammes de la lampe. Sous la lampe est suspendu un animal fantastique, muni de chaînes à clochettes.

Cette remarquable lampe a été trouvée à Boscoreale (fouilles Matrone).

Hauteur totale, 1 mètre.
Hauteur de [illegible] statuette, 12 cent.; longueur de la lampe, 22 cent.

310 — Grande lampe grotesque. Nain, coiffé du pétase ailé de Mercure, à cheval sur un bélier (interprétation obscène) ; la lampe est munie d'un groupe de sept chaînettes tressées, amorties par des clochettes.

Haut. totale, [illegible] cent.; hauteur de la statuette, 2[illegible] cent.

Ancienne collection Pourtalès.

311 — (Pl. XV). Grande lampe à deux becs. Anse recourbée à tétillage, soutenant une grande plaque triangulaire à bordure de volutes et palmettes et ayant au centre un masque de Pan en haut relief, d'un dessin très vigoureux.

Pièce remarquable pour sa grandeur et la beauté du travail. Trouvée en Espagne.

Haut. [illegible] cent.; long. [illegible] cent.

312 — (Pl. XV). Grande lampe chrétienne. La poignée en forme

Pl. XIV

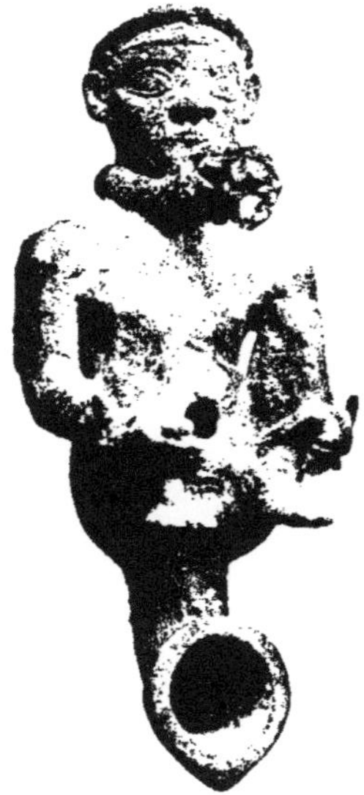

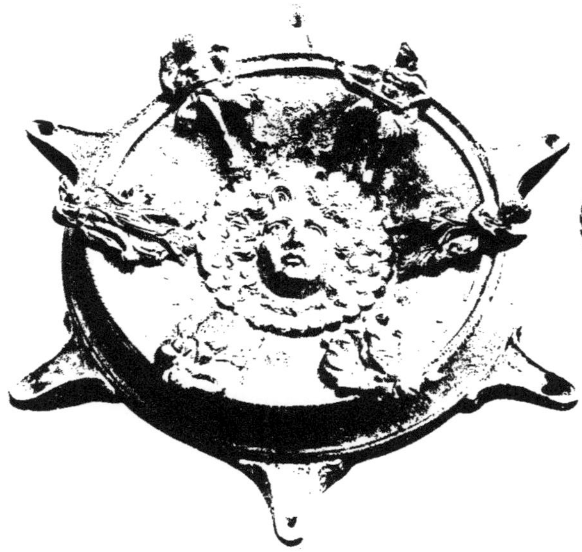

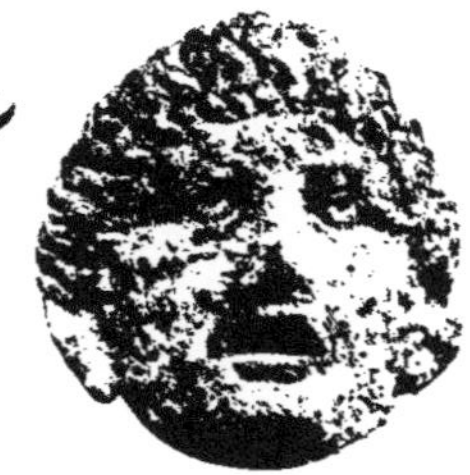

298

de tête de griffon : la panse ornée de feuilles d'acanthe et du monogramme du Christ.

D'un modelé exquis, patine vert clair. Trouvée à Bénévent.

313 — (Pl. XV). Lampe chrétienne. La poignée a la forme d'une tête de griffon tenant une boule dans son bec, entre les deux oreilles s'élève le monogramme du Christ surmonté d'une colombe. La panse de la lampe, prise entre deux feuillets d'acanthe, porte de chaque côté le monogramme du Christ en relief, accosté des lettres α ω gravées : le couvercle a la forme d'un dôme : au-dessus de l'orifice se dresse un dauphin. La lampe est munie de longues chaînes de suspension et porte à sa base deux crans d'arrêt permettant de la fixer sur un support.

C'est la plus importante lampe de ce type. Trouvée en Sicile. Patine brune. Voyez *le Musée*, vol. I, p. 18.

Long. 27 cent. [illegible]

314 — Lampe chrétienne à tête de griffon de dimensions plus petites.

Trouvée à Cosenza.

[illegible]

315 — Lampe chrétienne en bronze : l'anse à fleuron ajouré contenant une croix : sur le couvercle, une colombe.

Syrie.

316 — Petite lampe romaine en bronze : sur le couvercle, un chat assis.

317 — Couvercle de lampe. Disque convexe orné de groupes de petites spirales : aux bords, deux têtes de lion posées en guise de crochets.

Bronze du moyen âge.

USTENSILES

318 — (Pl. XII). Miroir grec. Le manche est orné d'une figurine représentant un sphinx assis de face, sur un chapiteau ionique, les ailes éployées, les cheveux flottants.

Remarquable travail du commencement du ve siècle av. J.-C.
Trouvé en Sicile, à Gerace marittima.

319 — Série de trois miroirs à couvercles en bronze repoussé, de même style. Sujet : la Gigantomachie. IVe siècle av. J.-C.

Diam., 85 millim.

320 — Manche de couteau en bronze, ayant la forme d'une massue, sur laquelle est greffée la partie antérieure d'un bélier.

Long., 8 cent.

321 — Mors de cheval, à piquants en bronze.

Travail romain.

Haut., 25 cent.

322 — Petit miroir de poche. Imitation grossière d'une monnaie de Néron.

323 — Manche de patère : la partie qui était soudée à la patère représente un buste d'Éros les bras ouverts ; l'autre extrémité est amortie par une tête d'Éros.

Long., 10 cent.

324 — Lot de fragments.

325 — Lot d'outils et d'instruments de chirurgie.

326 — Deux clefs de formes très élégantes, l'une d'elles porte le monogramme du possesseur.

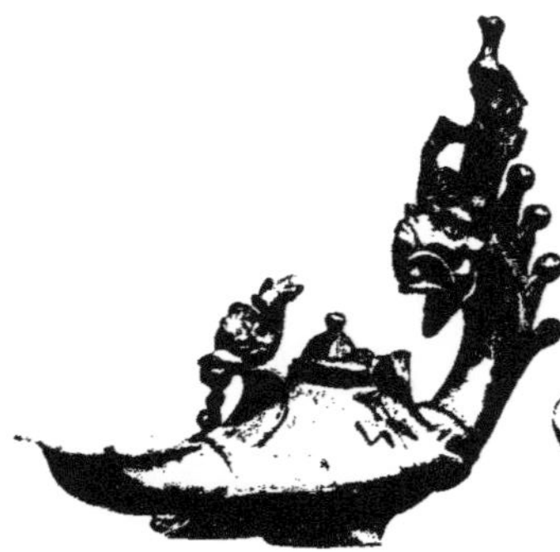

313

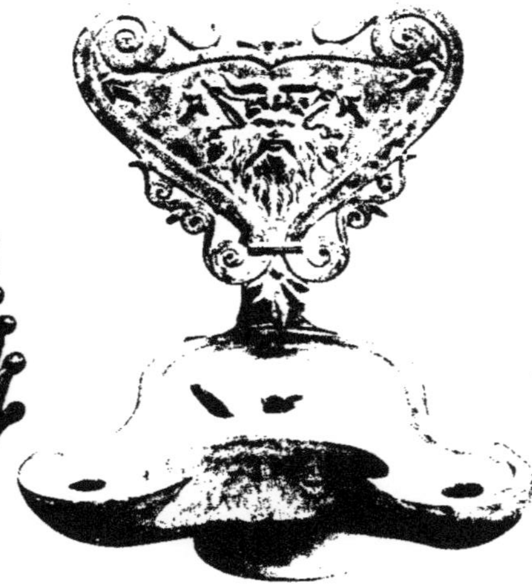

311

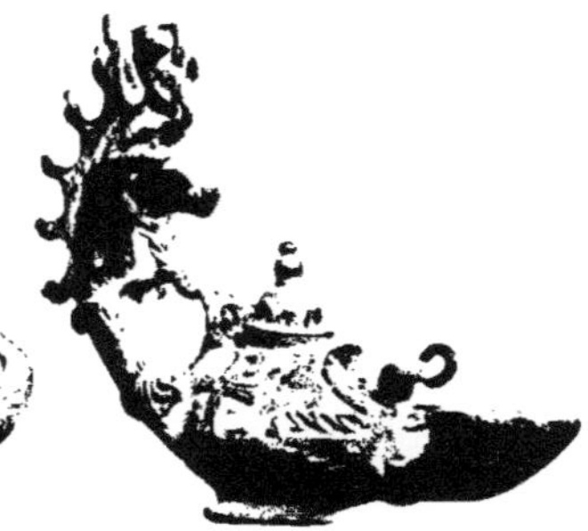

312

OBJETS DIVERS

Ivoire et Os

327 — PLAQUES de coffret en os : Cavalier *desultor* conduisant deux chevaux au galop ; — Femmes dans un banquet. Ces plaques sont renfermées entre deux réglettes, celles du haut surmontées d'un petit lion accroupi.

Beau travail étrusque de style ionien. Trouvé à Pérouse.

[illegible]

328 — TROIS FRAGMENTS de plaques de coffret : Buste d'homme ; — Lion saisissant un bouc ; — Lion rampant.

Travail étrusque de style ionien.

329 — PETITE PYXIS en os : — Trois dés à jouer, dont un pipé ; — Cylindre en os finement gravé.

330 — DEUX COUTEAUX en fer à manches en os, l'un orné d'une tête de panthère, l'autre d'une figurine d'âne accroupi. Deux épingles de cheveux surmontées de bustes.

Travail romain.

331 — PEIGNE liturgique en ivoire, du IXe siècle (art lombard), dessin en creux : d'un côté, une croix soutenant deux tiges chargées de fruits qui esquissent une M ; de chaque côté, une palme ; au revers, croix et X formés d'annelets.

Trouvé à Bénévent.

[illegible]

332 — PION D'ÉCHECS du XIe siècle en os. Homme d'armes se dissimulant derrière un créneau.

Trouvé en Espagne.

[illegible]

Ambre.

333 — Lynx accroupi.

Beau travail grec.

334 — Collier en ambre et en cristal de roche.

335 — Lot d'objets en ambre.

VERRES ET TERRES ÉMAILLÉES

336 — Lot de huit amulettes égyptiennes en terre émaillée.

337 — Deux grands colliers de verroterie phénicienne.

338 — Petite œnochoé en verre blanc irisé.

339 — Lot de tesseres en verre moulé de basse époque romaine et byzantine.

BOIS

340 — Cuiller en bois en forme de nageuse. Travail égyptien.

Long., 16 cent.

CAMÉES & PIERRES GRAVÉES

341 — Camée. Portrait d'Antonia. Buste à gauche. Parée de bijoux et la chevelure ornée d'une guirlande d'épis et de traits, elle releve un pan de la *stola*, dans lequel sont blottis deux enfants (Germanicus et Claude).

Remarquable camée antique en sardonyx à plusieurs couches brunes et bleuâtres.

Monture moderne en or émaillé.

Haut., [illegible]

Pl. XVI

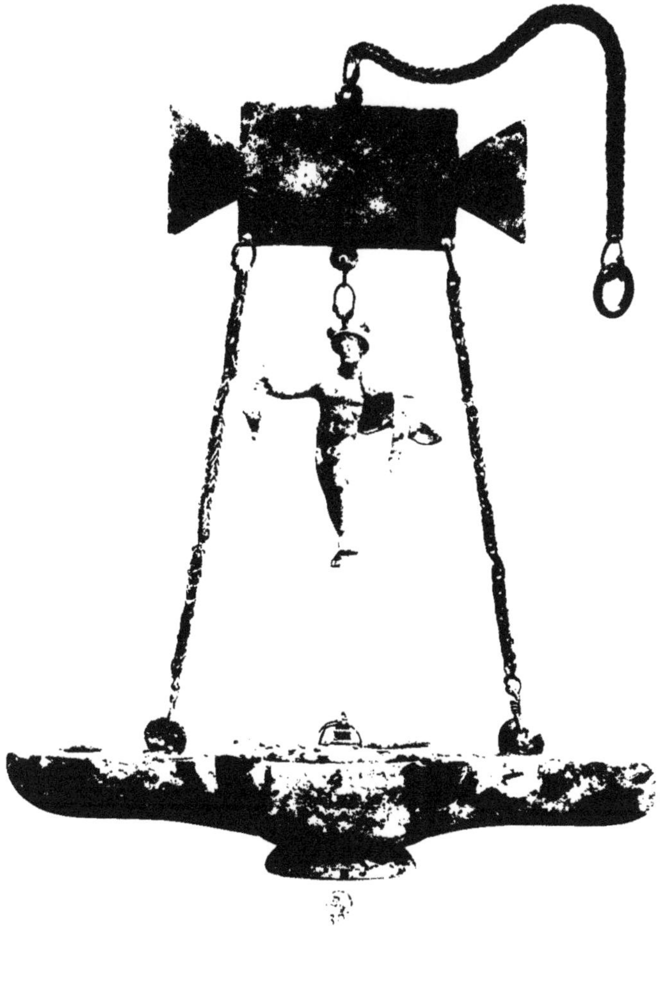

342 — Lot d'intailles hellénistiques et romaines.

343 — Lot de cachets en cornaline de style sassanide.

344 — Cachet en chalcédoine à talisman. L'intaille représente un scorpion relié par une chaine à des signes cabalistiques.

345 — Tête de taureau en jaspe vert. Travail romain.

346 — Dé à jouer en pierre noire : polyèdre ayant sur quelques-unes de ses faces des annelets de 1 à 12 et sur d'autres les lettres : ES. TA. HN. SZ. ND. NG.

347 — Camée du XVe siècle. Nègre sur un cheval galopant vers la gauche et suivi d'un chien.

Sardonyx à plusieurs couches brunes et bleuâtres. Monture en or.

Haut., [illegible] millim.

348 — Grand camée du XVIe siècle en sardonyx à deux couches. Tête de Jupiter Sérapis. Monture moderne en or émaillé.

Haut., [illegible] millim.

349 — Moule à bijoux arabe.

INSCRIPTIONS

350 — Trois feuilles en or à inscriptions d'exorcismes.

351 — Plaque rectangulaire en ambre sculptée d'un côté en forme de colombe et portant, de l'autre, l'inscription : POLLIO PATRIS.

352 — Fragment de plaque en bronze à inscription gravée et dorée. XIIIe siècle.

POTERIE

353 — Coupe étrusque à pied élevé, en bucchero.

354 — **Pyxis** ayant la forme d'un cylindre évasé. Sur le couvercle, scène de palestre : autour du cylindre, guerriers s'armant.

Poterie attique du VIe siècle av. J.-C.
Figures noires sur fond rouge, détails incisés.

Haut., 7 cent.

355 — Lampe italo-grecque en terre cuite polychrome ayant la forme d'un pigeon.

356 — Lampe en terre cuite noire, de Calès, à relief moulé, représentant une tête de jeune taureau parée de bandelettes et d'amulettes. Au revers, la lettre Δ en relief.

357 — Lampe romaine pour les souhaits du jour de l'an. Bas-relief représentant une Victoire qui tient de la main gauche un épi, et de la droite un bouclier portant l'inscription : ANNV(M) NOV(V)M FAUSTUM FELICEM MIHI; dans le champ des monnaies (victoriat républicain, denier de Marc Antoine, as à tête de Janus), et différents objets symboliques.

358 — Grande lampe en terre cuite: poignée triangulaire à palmette: cuvette ornée d'une rosace.

Long., 28 cent.

359 — Lot de cinq lampes en terre cuite.

360 — Jouet en terre cuite (terre blanchâtre) : Guerrier barbare debout. Trouvé en Gaule.

361 — Figurine de femme debout (terre blanchâtre).

362 — Moule à statuette (les deux faces) : Figurine de femme debout.

SCEAUX & PLAQUES ÉMAILLÉES

363 — Sceau italien du XIIIe siècle (Pistoia) : SIGIL CAPITVLI PISTORIENSIS. Au centre, deux bustes de saints, avec les légendes : S ZENO — S IACOBVS.

364 — Cinq sceaux en bronze et un en argent, espagnols et français, du XIVe siècle.

365 — Cinq plaques en bronze émaillé et ciselé. Sujets : Oiseau dans une bordure d'écussons : — Protomé de lion couronné, surmontant un écusson à la lettre M et à l'inscription AMOR-ME ; — Écusson d'Isabelle d'Aragon : — Disque aux lettres émaillées Y G ; — Un papillon.

www.ingramcontent.com/pod-product-compliance
Ingram Content Group UK Ltd.
Pitfield, Milton Keynes, MK11 3LW, UK
UKHW031919260826
14628UKWH00003B/1282

9 782329 501598